U0544208

# 批判性媒体素养指南

## 媒体参与和教育变革

THE CRITICAL MEDIA LITERACY GUIDE

[美] 道格拉斯·凯尔纳 著
[美] 杰夫·沙尔

许苗苗　王蔚　译

广西师范大学出版社
GUANGXI NORMAL UNIVERSITY PRESS
·桂林·

批判性媒体素养指南：媒体参与和教育变革
PIPANXING MEITI SUYANG ZHINAN: MEITI CANYU HE JIAOYU BIANGE

Originally published as "The Critical Media Literacy Guide: Engaging Media and Transforming Education" by Douglas Kellner and Jeff Share (BRILL, 2019)
© BRILL, Leiden, The Netherlands.
ISBN 978-9-0044-0451-9
Simplified Chinese translation copyright © 2024 by Guangxi Normal University Press Group Co., Ltd.
This Simplified Chinese translation was published by arrangement with BRILL.
著作权合同登记号桂图登字：20-2024-014 号

图书在版编目（CIP）数据

批判性媒体素养指南：媒体参与和教育变革 /（美）道格拉斯·凯尔纳，（美）杰夫·沙尔著；许苗苗，王蔚译. -- 桂林：广西师范大学出版社，2024.9
书名原文: The Critical Media Literacy Guide : Engaging Media and Transforming Education
ISBN 978-7-5598-6884-8

Ⅰ. ①批… Ⅱ. ①道… ②杰… ③许… ④王…
Ⅲ. ①传播媒介－研究 Ⅳ. ①G206.2

中国国家版本馆 CIP 数据核字（2024）第 076150 号

广西师范大学出版社出版发行

（广西桂林市五里店路 9 号　邮政编码：541004）
　网址：http://www.bbtpress.com
出版人：黄轩庄
全国新华书店经销
深圳市精彩印联合印务有限公司印刷
（深圳市光明新区光明街道白花社区精雅科技园　邮政编码：518107）
开本：880 mm×1 240 mm　1/32
印张：8.25　字数：185 千
2024 年 9 月第 1 版　　2024 年 9 月第 1 次印刷
定价：59.00 元

如发现印装质量问题，影响阅读，请与出版社发行部门联系调换。

# 目 录

中文版序 1
前 言 7
导 言 1
第一章 走向批判的数字与媒体素养 13
    第一节 媒体素养：一项未完成的挑战 17
    第二节 批判性媒体素养概观 23
    第三节 批判性媒体素养的教学先驱 26
    第四节 批判性媒体素养在21世纪的重构 31
    第五节 新技术/新素养 34
    第六节 媒体、权力和意识形态 36

第二章 意识形态与表征政治 42
    第一节 交叉性 44

| 第二节 | 立场认识论 | 46 |
| 第三节 | 质疑权力 | 48 |
| 第四节 | 阶级分化的表征 | 51 |
| 第五节 | 审视种族和种族主义 | 57 |
| 第六节 | 性别和性向的问题化 | 68 |

**第三章　理论融入实践　79**

| 第一节 | 图像文化中的教与学 | 81 |
| 第二节 | 今天人人都是摄影师 | 84 |
| 第三节 | 听觉素养 | 90 |
| 第四节 | 多模态素养 | 92 |
| 第五节 | 数字与网络媒体的动态 | 95 |
| 第六节 | 通过媒体生产与实践学习批判性媒体素养 | 97 |
| 第七节 | 讲故事 | 101 |

**第四章　为教育工作者开展批判性媒体素养教学做准备　103**

| 第一节 | 教授教师批判性媒体素养 | 105 |
| 第二节 | 探索身份与媒体表征 | 109 |
| 第三节 | 投身种族和性别问题 | 114 |
| 第四节 | 挑战广告与消费主义 | 118 |
| 第五节 | 创建批判性媒体素养课程 | 120 |
| 第六节 | 社交媒体和伙伴教学法 | 122 |
| 第七节 | 光线、声音和多媒体行动 | 124 |

　　　　第八节　社会正义教育者培养中的挑战　　　　127

**第五章　环境正义即社会正义　　　　132**
　　　　第一节　有关环境问题的新闻报道　　　　140
　　　　第二节　假新闻与气候变化　　　　147
　　　　第三节　创建媒体，挑战问题　　　　149
　　　　第四节　视觉图像的力量　　　　151
　　　　第五节　费朵拉·斯库勒（Fedora Schooler），中学英语/社会研究教师　　　　152
　　　　第六节　尼克·凯洛（Nick Kello），小学音乐教师　　　　155
　　　　第七节　利用数字媒体参与公民社会　　　　162

**第六章　总结性思考　　　　165**
　　　　第一节　向中立性和客观性神话挑战　　　　166
　　　　第二节　培育民主和全球公民意识　　　　171

附　录　媒体文化研究的进路——道格拉斯·凯尔纳访谈　　　　178
参考文献　　　　203
索　引　　　　232
译后记　　　　235

中文版序

# 技术扩张时代的批判性媒体素养

随着21世纪的第二个十年拉开序幕,人类历史上最具戏剧性的技术革命也登上舞台。这场革命正在改变包括人们的工作方式、彼此间的相互交流,以及如何度过闲暇时间等在内的方方面面。当今世界最富有的国家和公司,同时也是居于主导地位的技术平台,全球有一半以上的人口都连接到这些数字网络上。技术革命的核心在于消除将时间和空间作为教育的先决条件,并见证了在线、混合、杂糅、虚拟、人工智能甚至游戏化的同步和异步等教学选项不再处于教育的边缘,而作为常态化选项稳定下来。从以时空为先决条件,到多种教学方式的常态化,这一巨大转型给教育工作者带来了极大挑战。他们需要重新思考自己的基本原则,以创造性和生产性的方式有效利用新兴技术;需要重构教育,从而建设性地、逐步地应对目前席卷全球的技术和社会变革。

伴随技术革命的开展,世界各地的人口、社会政治和环境也正在发生重要变化。新冠病毒没有放过世界的任何角落,并改变了全球日常生活的很多方面。新冠疫情的跨国暴发提醒我们,早期对全球化所进行的概念化认识和批评可能还不够深入,还没有注意到这个星球上所有生命之间真正的相互联系。由于欧洲人输入的致命疾病,欧洲帝国主义国家的早期殖民给大部分被殖民地区带来了流行病和死亡;而随着人类侵占更多的野生栖息地,定居者一以贯之的殖民心态和政策也给世界带来更多的流行病威胁。讽刺的是,这些世界大流行的瘟疫,也可以看作是大自然对人类的报复,报复人类为满足自身利益而对动物所进行的大规模机械化骇人屠杀。

在这一剧烈的危机语境中,媒体和批判性媒体素养比以往任何时候都更重要,因为人们依赖媒体获取与健康、安全和未来福祉相关的信息,同样还有关于流行病、生态和经济危机等的信息。由于数字平台导致虚假信息的病毒性危害和传播加剧,这种依赖性变得越发不稳定。此外,随着越来越多人从社交媒体和互联网而非传统媒体获取新闻,教育工作者必须让学生做好准备,以便批判性地参与到数字信息、媒体和技术中,并培养起批判性的媒体素养和数字素养。

可见，今天的教育必须开发聚焦于批判性媒体素养的课程，教授在线参与式文化和研究的技能和实践，并培养一种使命感，以使青年有能力采用这些技能改善社会。批判性媒体素养旨在增强教育工作者和学生在国家和全球范围内参与社会和文化发展的能力。这需要建立起对信息传播技术在社会中发挥作用的方式的批判性意识；需要教授阅读、分析、创建媒体和数字文化的实用性技能；也需要在技术和数字的时代，培养起参与现代社会建设的意愿。

批判性媒体素养可用来对信息进行批判性分析，并在我们制定应对突发性卫生事件、全球性经济危机和生态危机的方案时，提供理论框架和教学实践。批判性媒体素养自文化研究的多学科领域发展而来，旨在*拓展*我们对素养的理解，包括阅读和创作从印刷书籍到社交媒体、电影、音乐、模因、视频游戏、网站等各种文本；同时，将分析深化到更具批判性的层面，质疑媒体与受众、信息与权力之间的关系。批判性媒体素养整合了一套知识体系、技能系列，以及一个*概念性理解*的框架。批判性媒体素养框架建基于世界各地学者和组织的工作之上，其中包括对六个概念的理解和相应的指导性问题。

当教育工作者使用这个框架时，概念性理解可以指导他们的计划和教学，从而支持他们对理论的具体实施。然而对于K—12[1]

---

[1] K—12：指从幼儿园（kindergarten）到12年级。——译者注

学生来说，其中的指导性问题是框架中最重要的部分，因为这些批判性的问题可以成为学生分析所有类型媒体文本的工具。我们鼓励教师在保持问题批判性的同时，结合他们的判断来修正这些问题，以使问题更符合学生的学习进程和文化水平。这一框架应当成为一种支持批判性媒体素养教学的手段，并应适当调整，以最有效地利用媒体发挥促进批判性思维的作用。

过去二十年里，我们一直与教师合作，将批判性媒体素养带给洛杉矶和世界各地的大学生，并带到K—12的课堂上。我们发现，批判性媒体素养框架的确能够为教师和学生提供重要支持。在本书中，你将看到许多有关教师如何将批判性媒体素养带入幼儿和成人课堂的例子。我们提供多个K—12教师创建的课程案例，这些课程使学生获得了批判性分析媒体和制作媒体的能力。

我们以加州大学洛杉矶分校（UCLA）教师教育项目的工作为基础，探索了培训教育工作者的方式，使之胜任批判性媒体素养方法和理论的教授工作，并帮助他们在所有年龄段的学生中开展教学。这些教师描绘了他们将批判性媒体素养相关思想融入数学、科学、语言、社会学习和艺术等诸种学科教学时，所获取的成功和付出的努力。在整本书中，我们重点关注批判性媒体素养通过何种方式实现社会正义和环境正义的目标。

正是我们对社会正义与环境正义之间关联的深刻信念，使批判性媒体素养成为处理这些联系的强有力的教学工具。教育工作者可以将批判性媒体素养作为一种教学法，通过提供一个批判性框架来感知和理解信息，并为创建挑战不公的反霸权媒体提供实用策略。通过以上方式，批判性媒体素养可被用以解决我们这个时代最紧迫的问题，并赋予学生创造一个更人道、更公正和更可持续的世界的能力。

我们为《批判性媒体素养指南》中文版即将付梓感到欣慰，特别感谢许苗苗和王蔚两位译者做出的贡献。我们非常欢迎来自中国的读者，并希望邀请他们参与到培养批判性媒体素养的过程中。培养批判性媒体素养能帮助教育应对当前的挑战，同时，也能为中国的受众在参与融合的娱乐媒体、社交媒体、新闻信息媒体时保持批判性进行指导。我们提供的是一部可供各地教育工作者和学生使用的指南，它所具备的结构性和灵活性，使之能适应中美课堂的不同学习需求。

中国是一个拥有超过10亿网民的互联网大国，也是全球数字村的重要组成部分。其新媒体和应用程序发展迅速，整个社会高度网络化。中国网民与全球用户共享抖音、SHEIN[1]和网络小说等应用程序和互联网现象。因此，本书将有助于教师、学生和中国公民发展知识、提升技能和培养批判性思维，使他们在参与全球数字世界时更加明智。

我们特别希望中国的教师能够理解，批判性媒体素养必须与媒体紧密结合，同时也不要忽略它在转变教育、使之更有益于社

---

1 中文名"希音"，是一家来自中国广州的跨境电商，主营快时尚类电子商务。——译者注

会正义和环境正义方面的重要性。对于书中这些世界各地学者几十年来积累的想法将被翻译成中文，并能被提供给如此多活跃的媒体用户和创作者，我们感到兴奋且期待。

道格拉斯·凯尔纳　杰夫·沙尔

2023年8月3日

# 前　言

　　无论您是教师、校长、教师教育者还是研究人员，或是对于学校、儿童以及和年轻人一起工作感兴趣的学者，您都能从《批判性媒体素养指南》中有所获益。这本书对我们理解媒体、文化、政治以及日常生活中所使用的实用工具进行了阐释。在一个意识形态的灌输和宣传令人眼花缭乱的时代里，在数字新媒体和传统媒体企业每天为生存、利润和霸权而战的世界里，在政治和文化冲突日益加剧的世界里（所有这一切都在虚假信息、虚假陈述和纯粹谎言的规范性传播语境中呈现），培养批判性媒体素养的理由不言自明。然而，在口语、印刷和数字等形式的传播中，对有关真相和诚实、文明和道德、连贯性和相关性等或新或旧的规范性理想的呼吁，常被视为卢德分子[1]式的时代错误乃至空洞陈词。在

---

1　卢德分子，原文为Luddite，也称勒德分子，指19世纪英国工业革命时期，因为机器代替人力而失业后捣毁机器的技术工人，现引申为反机械化或自动化的人。——译者注

这些呼吁所处的全天候信息环境中,每个主张和每次交流在下一条推文、消息或视频发布之前都转瞬即逝且陈旧过时,因此这些呼吁也被置若罔闻。

这是一个长期经济、地缘政治和跨文化聚居区已经瓦解的时刻,信息、交流和社会关系的数字化,创造出一个加速的微观媒体环境。在这个环境中,真相或非真相、断言或反驳都不被报道、不受监督、不再有价值却无尽循环,这一切在无处不在又一无所在的数字档案馆中出现、消失、再出现。与此同时,企业和国家权力的运作范围和规模令我们难以看见、明白和读解。这是阴谋论者、网红、怪咖专家和博主的观点,与科学家、政治家、记者、学者、隔壁邻居及其他任何人的观点相提并论的世界。在这里,由网络喷子、黑客、批评者们所进行的元数字工作被归并融合,形成一个不透明、不可预知、无处不在又持续更新的符号学泥淖。

与此同时,印刷媒体主导的教育课程继续沉睡,与无孔不入的文本和信息相互隔绝,而这些文本和信息却已主宰了日常生活。孩子们被要求把手机放在别处,公共政策辩论聚焦的是拼读之战[1]及是否需要武装教师[2];印刷教育企业和数字教育企业争夺市场和客户。一方面,教师们在经济拮据的社区中自掏腰包,为学生提供铅笔、钢笔、书籍,当然还有蜡笔之类印刷教育的必需品;另一方面,中产阶级家长将育儿重新定义为对屏幕时间的持续性监管,

---

1 拼读之战,原文为phonics war,意指美国对自然拼读教学法的争论。——译者注
2 武装教师,原文为arm teachers,意指美国关于是否让教师在学校内携带枪支或其他武器的争论。——译者注

期望孩子们偶尔在吃饭、出门或谈话的时候放下电子产品。

批判性素养即一种对多元媒体、多模态信息和文本环境的博学、见多识广且好奇的怀疑态度。在这个世界上，如果不教授具备批判性素养的方法，就等于放弃任何民主教育的可能性，放弃我们的责任。这种责任要求我们向每一代人传授保持多样性和差异化的信条、价值观和立场，从而在共同目标、合理交流以及公正社区中，以有道德、有收获和可持续的方式生活。教授批判性素养需要我们重新发现平静持续性反思的作用，对信息进行比较分析和交叉分析，密切而细致地阅读并观察，尊重差异化、多样化以及有分歧的思想和生活方式；还需要丰富的基础知识和学科知识、代际智慧和有见地的自我认识——在一个把时间和金钱投入基本技能的标准化测试的体系中，以上所有都很容易被一笔勾销，因为它们会被视为倒退、陈腐、过于保守或过于激进，或者简单地说是过于困难的事情。

澳大利亚传播学者、音乐家菲尔·格雷厄姆（Phil Graham, 2019）最近评论道：

> 毫无疑问，在了解孩子方面，比起他们如何学会憎恨，我们更知道他们如何学会计算；比起他们如何获得道德感，我们更知道他们如何学会读写。这很可能是20世纪初科学极端主义的后遗症。

道格拉斯·凯尔纳和杰夫·沙尔提出的批判性媒体素养尝试

解决两方面的问题：其一，教授并学习如何对日常生活文本进行解码、理解以及批判性地参与和制作；其二，批判性媒体素养也涉及学习如何在媒体文化、公民社会和面临威胁的全球环境中，以道德的和可持续的方式生活。正如他们指出的，批判性媒体素养的议程并不新鲜，同时我们不能视其为传统工业/印刷教育的某种激进创新。因为关于新媒体道德恐慌的争论，首先是在20世纪初随着广播和电影的出现而兴起，然后又随着战后电视的出现而大踏步发展（卢克，1990）；而在第一次世界大战时期，大众媒体第一次被政府系统地用于意识形态宣传、民族主义渲染和军事动员，这对于普利策（Pulitzer）、赫斯特（Hearst）、默多克（Murdoch）等印刷大亨来说并不陌生（格雷厄姆，2017）。因此，利用大众媒体进行大规模的意识形态动员，将意识形态与娱乐相互嫁接，利用大规模的媒体奇观，已经并将继续在地缘政治和民族主义、身份认同和社会形成中，以及强势国家和威权主义的合理化中发挥关键作用。

本书的不同之处在于，道格拉斯·凯尔纳和杰夫·沙尔为这一命题带来了独到的基础性资源、视角和专业的经验。这既不是第三方的或无利益相关的"黄金标准"科学，也不是书斋学者的作品。两位作者是植根于洛杉矶的教育工作者和活动家，他们将数十年的生命投入政治和文化斗争，给予这一问题独特的深度和经验。道格拉斯·凯尔纳是当代主要社会哲学家之一，他绝不在纯理论哲学的狭窄天地里谨言慎行。早在20世纪，他就已经成为秉承法兰克福学派传统的重要美国理论家之一。在过去二十年中，他着意于一个非同寻常的转变，即进入教育哲学领域并与教师一同合作。转变的结果是一系列引人注目的哲学和政治干预——从涉及美国选举舞弊的论证分析到对军国主义扩张的批评，再到有关学校教育中的枪支暴力和男性气质的重要工作，以及对权威型人格回归美国政治的犀利分析等[1]。在这一系列具备强力批判性的著作中，始终贯穿着对媒体及其在重塑美国生活和文化等方面发挥的教育作用的关注。对于道格拉斯·凯尔纳的法兰克福学派式的批判而言，批判性媒体素养是一个积极的命题、一种规范性的实践，有助于与下一代合作，且或许能够重建民主社会，促进传播道德，振兴社会正义。

杰夫·沙尔作为一名社区活动家和教师，在媒体领域有着非凡的职业生涯，在墨西哥、阿根廷和美洲拥有丰富经验。同时，他还是一名屡获殊荣的摄影记者，作品曾出现在《洛杉矶时报》《时代》《滚石》《琼斯妈妈》和其他主要媒体上。他的作品获得过"世界新闻摄影奖""奥斯卡·巴纳克奖""国际新闻摄影/世界和平理事会奖"以及世界核裁军新闻联盟的"橄榄枝奖"。他曾为社会活动家和国际援助组织等筹备过多个摄影展。杰夫·沙尔的工作和生活聚焦社会正义、和平以及跨文化交流。然而，正

---

[1] 道格拉斯·凯尔纳的这一系列著作主要是指：分析2000年美国大选争议的 Grand Theft 2000: Media Spectacle and a Stolen Election（2001），批判扩张的军事主义的 Media Spectacle and the Crisis of Democracy: Terrorism, War, and Election Battles（2005），探讨枪支暴力和男性气质的 Guys and Guns Amok: Domestic Terrorism and School Shootings from the Oklahoma City Bombing to the Virginia Tech Massacre（2008），探讨威权民粹主义的 American Nightmare: Donald Trump, Media Spectacle, and Authoritarian Populism（2016）等。——译者注

是他在洛杉矶少数族裔社区小学的"双语/双文化教学"以及十多年来对新教师的培训经历，真正将其丰富的经验落地生根。因此，作为活动家、记者、摄影师、家长以及跨语言跨文化工作教师，他解答社会正义、和平以及跨文化交流等命题的角度是独特的。杰夫·沙尔已经把教学和行动主义的界限推到一个关键的临界点——这本书承续着他的实践之旅。

当您坐下来沉浸于这本书时，请不要忘记书中分析的背后，还有趣味盎然的生活经历和专业知识。对凯尔纳和沙尔来说，这本书不是一场简单的学术或理论对弈，而是他们对一系列紧迫问题的回答。这些问题讨论的是民主体制、文化和语言传统、工作和社会关系，以及当它们的未来都笼罩在不确定的阴霾之下时，人们在教育系统和社区中应如何行动。这本书讨论了当我们面对前所未有的经济、文化、政治和生态条件时，应当如何利用从当面交谈到视觉和图像艺术，从写故事随笔到掌握新数字沟通模式在内的所有传播媒介，去创造和重塑生活、社区以及公民社会。而所有这一切都岌岌可危。

艾伦·卢克

布里斯班，澳大利亚

2019年2月17日

# 导　言

信息、媒体和技术的融合创造了我们这个时代的主导生态系统。自2018年以来，全球超过一半的人口（40多亿人）都在使用互联网。从摇篮到坟墓，我们通过全球网络媒体和消费社会相互连接。

媒体和信息传播技术可以娱乐、教育、赋能，也可以分散注意力、误导和操控。它们是文化教育学的深刻来源，同时也经常受到误解。它们教育我们如何行动，教育我们应当思考、感受、相信、恐惧和渴求些什么，并使我们社会化。这些复杂的传播、表现、生产、分配和消费系统，都是教育我们了解自己和周遭世界的形式。这也是一个不断追踪和贩卖我们的举动、交流和个人数据的生态系统。因此，学习如何在这种文化环境中质疑、分析和应对，是批判性思维和参与式民主的基本要求。

广播、电视、电影、手机、流行音乐、互联网、社交网络以及其他媒体文化的形式和产品，为我们提供了诸多素材。这些素材被用来塑造我们的自我意识和性别观念，我们的阶级、种族、民族、国籍以及性的概念。媒体文化将我们的世界观划分为"我们"和"他们"两类，影响着我们最深层的价值观：是好是坏，是积极的还是消极的，是道德的还是邪恶的。媒体叙事提供符号、神话和资源，据此我们构成一种共识文化，并通过对符号、神话和资源的占有，将自己融入这种文化。媒体奇观演示出谁大权在握，谁无权无势，谁被允许使用武力与暴力，谁又承受暴力的后果，并使这一切正当化。

我们写这本书，意在推动将批判性媒体素养作为一种理论框架并贯彻进实践教学法中，从而增强与媒体文化相关的个体自治权，赋予人们批判性地阅读、写作以及创造更美好世界的能力。的确，21世纪的生活现实，以及作为其特征的技术和信息革命，要求所有公民都具备媒体素养。事实上，由于对类似分析和实践技能的需求不断增加，许多大学正扩展其影视课程并向全体学生开放，而不是仅仅把这类课程限定在需要在娱乐业求职的那部分人中。贯彻批判性媒体素养的教学方法，应该成为所有教育中的一个重要组成部分，但不幸的是，事实并非如此。太多教育机构忽视或低估了批判性媒体素养作为21世纪素养所必需的知识、技能和意识的关键维度之重要性。

这本书是专为本科生和研究生、中小学教师（K—12教师）和大学教授，以及对批判性媒体研究感兴趣的众多读者写的。它为从批判的角度理解及解码各种形式的媒体文化提供了一个入门框架。本书没有将各不相同的媒体划分为笼统的类别，而是向读者介绍适用于各种媒体形式的批判性理论和实践,并强调诸多媒体的内在相似性和独特性。

随着技术的不断演化,新的积极应用和消极应用的可能也随之显现。机器学习、人工智能和增强现实(AR)的最新发展,正在为更多的人创造控制数字信息的能力,它们带来了电影大片中令人印象深刻的计算机生成图像(CGI),也导致假新闻、篡改图像、误导性视频的增长,而这些信息可以在几毫秒内传播至世界各地。

新的信息传播技术为全世界共享和联结提供了有力的契机,同时也聚合了信息的获取和控制,并制造数字鸿沟和信息不平等。今天主要的故事讲述者是那些大型跨国公司,它们不断合并和扩张,以覆盖全球每一个角落,触及当地每一处缝隙。屈指可数的大企业拥有世界上大多数媒体,形成一小部分有钱的寡头和富豪,他们拥有的巨大权力,足以决定代表谁和代表什么,以及世界上最大的文化产业将教给我们什么(麦克切斯尼和尼克尔斯,McChesney & Nichols,2016)。

当少数大企业拥有创造和传播大量信息的权力时,滥用的可能性增加,思想的多样性就会减少。当大多数受众认为他们使用的信息和媒体中立且透明时,媒体整合尤其成为问题。将媒体文化视作理所当然,会使人与媒体之间的关系更加密切。在这种关系中,信息很少受到质疑或挑战,尤其是当它们被看作娱乐的时候。

与此同时,社交媒体也为个体和群体寻找彼此、建立草根联盟提供了新的可能性。"Black Lives Matter"和"#MeToo"等运动，都有力证明了社交媒体为连接、组织以及挑战压迫系统提供的潜在机会。然而，社交网络既能把志同道合的人聚集在一起，也会被用来煽动愤怒、仇恨和身体暴力。如今，各类组织都在利用社交媒体寻找追随者，传播自己的议程和信仰，从而将社交媒体变成战争的武器（桑热和布鲁金，Singer&Brooking，2018）。

因此，通过批判性探究来认识和参与，成为21世纪素养和教育的基本要求。作为对技术、媒体和社会变革的回应，今天的教育和公民意识需要发展批判性媒体素养，使学生和公民有能力批判性地阅读媒体信息，并创建属于他们自己的媒体，从而成为民主社会的积极参与者。这就需要意识到媒体在日常生活中是如何发挥作用的，并发展批判性的素养来解码关键的意义、信息和效果。大众媒体（包括社交媒体）所传授的关于种族、性别、阶级、性向、消费、恐惧、道德等的日常公共教育学，大多反映企业的利益动机和霸权意识形态，从而牺牲了健康民主和可持续性发展的世界所需的社会关注。

由于传统教育对学生认识和抵消这些影响帮助甚微，我们需要一种更强有力的素养，能够使批判意识延展，涵盖新的信息和传播技术、媒体、大众文化，能够将教育实践深化到更复杂的层面，从而质疑信息和权力之间的关系。批判意识类似保罗·弗莱雷（Paulo Freire, 2010）¹所说的*意识化*（conscientização）²，即一种革命的批判意识，包括对压迫的感知和行动。"批判性媒体素养"中的批判性意识，包括对媒体的识别、分析和挑战，正是这些媒体加剧了有关种族歧视、性别歧视、阶级歧视、性向歧视以及其他各类歧视的表现与叙述，从而使这些歧视所针对的社会群体进一步边缘化。

通过扩展素养和深化批判性探询，批判性媒体素养瞄准的挑战目标是以下这种流行的假设，即认为媒体毋庸置疑是通向世界的窗户。媒体素养的基本概念，即知识的社会性建构，以及随这种理解而来的对将信息和教育看作中立公允的错误认识的破除。这种批判性素养教学法提供了双重可能性：一方面可以通过批判性分析建立对媒体控制的认识，另一方面也可以赋予个人创建另类媒体以发出反霸权声音的能力。批判性媒体素养的教学法为学生和教师提供了一个拥抱社会和技术变化的机会。这些变化对于教育并非威胁而是机会，借此机会人们可以重新考虑将教育和学习作为一种提高意识、赋予权力的政治行为。

传统教育制度提倡注重顺从和记忆的压迫性方式，不主张批判性思维和赋权，因此我们需要更为进步的教育来挑战这些有害

---

1 保罗·弗莱雷（Paulo Freire, 1921—1997），出生于巴西，20世纪批判教育理论和实践方面最重要且最有影响力的人物之一，代表作为《被压迫者教育学》，中译本由华东师范大学出版社2001年出版，顾建新等翻译。——译者注
2 原文使用葡萄牙语conscientização，意为认识或意识，本文采用《被压迫者教育学》中译本的译法，译为意识化。——译者注

影响，并提供一种使教育更为人性化和民主化的积极替代方案。当前对标准化和责任制的痴迷，往往以牺牲学生与社会的社交需求和环境需求为代价，优先考虑成功和平等之类的误导性观念。民主、社会正义和世界上每一个生命的命运都呼唤这样一种教育，其使每个人都能团结合作，做好准备去创造更加人道、可持续且富有同情心的世界。教师应引导学生挑战种族歧视、性别歧视、阶级歧视、性向歧视、过度消费以及一切形式的压迫和剥削。

在教育私有化和标准化压力不断增大的同时，一场以计算机、信息、传播和多媒体技术为中心的剧烈的技术革命正在改变着一切，从人们的工作方式、交流方式到消遣方式。这种信息和传播技术的爆发，通常被解释为知识社会或信息社会的开端，因而教育也在生活各个方面都扮演着中心角色。这对教育工作者提出巨大的挑战，要求他们重新思考自己的基本信条，以创造性和富有成效的方式运用新技术，并重组学校教育以便建设性地、逐步地应对我们正在经历的技术与社会变革。与信息和传播技术变革同步发生的是美国及全世界在人口、社会政治和环境方面的重要变化。移民模式带来的挑战要求我们向不同文化、阶级和背景的人提供成功所必需的工具和技能，并使之能够参与到更复杂和多元文化的世界中。此外，随着气候持续变暖，更多的人由于无法维持基本生活而被迫离开自己的国土和家园。

数字技术为个体参与和不同观点提供机会，与此同时，少数大型媒体和技术公司已成为信息的主要记录者、叙述者和看门人，他们经常重复着同一个故事，放弃了无数异质化观点和创造性思维。事实上，许多故事讲述者是故事的推销员，他们更感兴趣的是兜售观点和产品，而不是提供信息、启迪智慧、激发灵感，或鼓励批判性思维。一旦儿童更多地使用媒体，他们也就被媒体公司更多地利用。那些大型跨国媒体和技术公司将青年作为最具价值的市场目标之一，它们攫取个人数据，在青年中建立起品牌忠诚度，并将之销售给广告商或任何愿意买单的人。

研究人员发现，美国8—18岁的年轻人每天与音乐、电脑、电子游戏、电视、电影和印刷品等各种媒体互动的时间远远超过10个小时（赖德奥特、劳里塞拉、瓦特拉，Rideout，Lauricella & Wartella，2011）。另一项调查报告称，"45%的青少年说他们几乎一直在线"，"另有44%的人说他们一天上网几次，这意味着大约十分之九的青少年每天至少上网几次"（安德森和江，Anderson & Jiang，2018，p.8）。这种媒体使用现状很大程度上归因于其使用便捷，因为95%的受访美国青少年称，他们拥有自己的智能手机或是有智能手机可用（p.2）。手机、平板电脑和数字媒体的访问和使用增长，让一些研究者断言：信息量的持续递增，信息抵达的迅速和即时性，以及阅读时感受的强刺激和所需的多任务处理能力，都在分散我们的注意力，使我们无法集中深入阅读并进行批判性思考（卡尔，Carr，2014；特克尔，Turkle，2011，2015；沃尔夫，Wolf，2018）。玛丽安娜·沃尔夫（Maryanne Wolf，2018）进一步指出，数字文化通过"持续的局部注意力"对我们的大脑回路进行重新布线，这对同理心、多样性和民主造成威胁（p.71）。

不仅媒体使用时间增加，而且参与质量也在发生变化，变得越来越商业化且很少被批判。2016年，斯坦福大学研究人员评估了7804名美国学生对网络媒体的分析能力，报告指出，"年轻人对互联网信息的推理能力可以用一个词来概括：无望"（p.4）。研究人员发现，学生对区分新闻和广告或判断网站可靠度毫无准备，很容易上当受骗。他们断言，"之前从未有过像现在这样动动手指就能掌握如此海量信息的情况。这种海量的信息给予会使我们更聪明、更有见识，还是会让我们更无知、更狭隘，取决于我们对这个问题的认识，以及我们在教育上的回应"（斯坦福历史教育小组，Stanford History Education Group，2016，p.5）。我们每天不得不面对大量信息、无处不在的社交媒体和网络连接，我们依赖手机和数字技术、信息高速路的商业结构，以及信息、传播和娱乐的融合。以上这些都呼吁教育的改变，以帮助学生批判性地应对动态变化的媒体领域。如果在使用信息和传播技术时不加以分析和审思，新的数字文化就会带来潜在危险；当信息和传播技术被批判性地用于教育、赋权并参与社会环境正义时，它们也会带来积极的可能性。

在不断发展的社会中，媒体和技术在塑造文化、传播观点和决定公共话语方面，发挥日益增长的影响力。娱乐和政治之间的协同作用深远，如巴拉克·奥巴马（Barack Obama）2008年的总统竞选活动就获得戛纳国际广告奖的最高奖项。当政治活动赢得广告奖时，民主就让位于媒体奇观（凯尔纳，2003）。这些变化促使每个人都需要培养起质疑的能力和倾向，以应对他们所听闻、目睹、阅读、创造、分享和使用的信息。

教育工作者必须面对的另一个问题是假新闻（故意编造的帖子）的兴起，以及特朗普和保守派对"假新闻"一词的征用。由此，一个曾被用来甄别虚假信息的标签现在变成宣传和造谣的工具。唐纳德·特朗普上任初期，在每天的Twitter动态[1]和媒体见面中宣称"向媒体开战"，用假新闻概念诋毁媒体对他的批评报道（凯尔纳，2017）。特朗普及其幕僚将他们不认可的报道斥为假新闻，并攻击性地称主流媒体为人民的真正敌人（特朗普Twitter，2018年10月29日）。在攻击主流新闻媒体的同时，特朗普故意在国家话语中注入虚假信息，以至于促使《华盛顿邮报》事实核查专栏（Washington Post Fact Checker）推出一个名为"无底线的匹诺曹"（the Bottomless Pinocchio）的新评级。它比此前的最低分评级"四个匹诺曹"更低，用来评价已被证明完全错误的说法。格伦·凯斯勒解释道，无底线的匹诺曹"将评给那些多次重复虚假主张，实际上在从事造谣活动的政客"（格伦·凯斯勒，Glenn Kessler，2018）。

为政治利益而使用"假新闻"一词，以及网络机器人、点击农场[2]、喷子工厂和网络马甲等通过社交媒体传播越来越多的虚假信息，这促使许多人认识到培养批判性阅读技能，以之应对媒体以及当代话语、辩论和争议的必要性。然而，有些人认为我们只需要更好的认知能力和批判意识就能从谎言中辨别真相。真那么

---

1 2023年7月，Twitter更名为X。——译者注
2 点击农场（click farms）：指网络中用点击、刷单、刷信誉等方式获利的现象。——译者注

简单就好了。新技术发展也助长操纵事实、混搭媒介，并制作出令人深信不疑的"深度伪造"视频（切斯尼和西特伦，Chesney & Citron，2018）。了解媒体和我们的信息社会，远比简单寻找真相的还原论思想复杂得多。学生应该学会寻找语境，查找多个来源、不同视角和各种类型的证据，对其发现和偏见进行交叉比对，以便更好地评估和理解信息，而不是用非真即假的二元化术语来对信息进行判断。

然而，在这个有害的政治环境中，我们必须避免相对主义的建议，即认为一切都是平等的，并且我们正处于后真相时代，因为真实事件确实会发生并影响人类及地球上的所有生命。乔·金切罗（Joe Kincheloe，2007）提醒我们，"所有的知识都是解释"（p.113），因此信息意义的解读是一个复杂过程，需要具备探索经验证据、评估主观偏见、分析文本的中介与结构以及探究媒体文本多重意义和社会语境的技能。简单地给文本贴上"真"或"假"的标签过于简单化，同时也无助于我们理解媒体文化，无助于在公众话语中成为熟练且具批判性的信息使用者和（或）生产者。

记者比尔·科瓦奇（Bill Kovach）和汤姆·罗森斯蒂尔（Tom Rosenstiel，2011）断言，技术和新闻业的变化转换了我们与新闻的关系。以前是"相信我"的时代，主流媒体被赋予告诉我们需要知道些什么的权力；现在是"向我展示"的时代，把判断新闻的责任更多放在我们这些观众身上。科瓦奇和罗森斯蒂尔（2011）写道，"这反映出数字时代的权力转移，以往是记者作为守门人，如今是消费者或公民当自己的编辑。伴随这种转变，如今消费者负有更大责任，必须尽量采取抱着怀疑态度的认识方式"（p.33）。尽管我们可以质疑当初赋予记者如此大的权力是否明智，但数字时代的新挑战也许将促使我们成为更负责任且更具怀疑意识的公民、用户和讨论者，以及新闻和信息生产者。

现在，教师比以往任何时候都更应鼓励学生阅读、观看、聆听、与之互动并创造从书籍、文章到数字播客以及多媒体产品的大量文本。这对教育工作者而言是一个机会，以引导学生利用周围的信息技术和媒体进行批判性思考，并同时批判性地思考这些技术和媒体本身。因此，媒体、技术和社会的变化需要批判性的媒体素养。这种素养能支持师生对各种形式的传播提出疑问，并利用各种形式的传播进行质疑和创造。传播既能赋权也能压迫，既让人娱乐也让人分心，它可以告知或误导，也可以买卖从生活方式到政治人物的一切事物。

批判性媒体素养作为一种教学方法，它深化了所有学科领域的素养技能，并使学生能够使用多种形式的媒介和技术来读写字词与世界（弗莱雷和马塞多，Freire & Macedo，1987）。在这个媒体和计算机技术爆炸式发展的美好新世界里，我们需要重新思考教育、素养以及我们作为教育者的角色。当媒体素养课程在世界上一些地方获得教授和赞赏之时，美国的批判性媒体素养倡导者们虽然始终处于边缘，却仍在持续壮大。很明显，新的信息传播技术需要新的素养，如今的学校不得不面对提供适合新局面的新教育形式这一挑战，必须传授新的素养，使学生和公民能在21世纪成长进步。

我们在书中提出，教育工作者需要培育批判性媒体素养，以应对在数字网络化的多元社会和全球文化中重构教育的挑战。在技术、社会和环境发生巨大变化的时期，教育需要有助于生产各种新的素养类型，以使当前的教育符合当代要求。随着新的信息和传播技术对社会文化各个方面的改变，我们需要理解并运用它们来了解、改造世界。尤其值得注意的是，引入批判性媒体素养，为以往被排斥的个人和群体赋能，可以重构教育，使其更好地应对民主和多元文化社会的挑战。

# 第一章

# 走向批判的数字与媒体素养

为了更形象地理解媒体素养问题的紧迫性,我们应该思考如下观点:我们正在经历自基于口头的教学向基于印刷和课本的教学发展以来,最为重要的技术革命之一(贝斯特和凯尔纳,Best & Kellner,2001;卡斯特,Castells,1996)。正如向印刷文化和书本文化的转变涉及教育的巨大变革(麦克卢汉,McLuhan,1962,2003;翁,Ong,1995)一样,正在进行的技术革命也要求对如今的教育进行包括新课程、教学法、素养、实践和目标等在内的重大重建。此外,当今时代的技术革命使激进主义教育与社会重建成为可能。而激进教育和社会重建,正是进步时代的约翰·杜威(John Dewey)和20世纪60年代后期的伊万·伊利奇(Ivan Illich)、保罗·弗莱雷、贝尔·胡克斯(Bell Hooks)等人的主张和追寻。

从历史角度看，如今我们或许能把现代教育看成为工业文明和最基本的公民权利所做的准备。在被动的代议制民主中，这种权利只将公民作为媒体奇观的旁观者。然而，不断扩张的全球经济、文化和政治需求，需要更有见识、勇于参与且积极主动的劳动人口和公民，与之相应，教育的作用提升，其挑战也随之增加。简言之，现代教育强调服从权威、死记硬背，以及弗莱雷（2010）称之为教育的"灌输式概念"（banking concept）[1]，即教师将知识灌输给被动的学生，教导他们要驯服、顺从、循规蹈矩和反复练习。然而，在一个全球后工业化的网络社会中，这些特征正逐渐过时，这个社会要求新的工作技能，要求人们在新兴社会和政治环境中进行公共参与，在新形式的文化和日常生活中进行互动。

一个更加灵活的经济体，建立在不断发展的技术基础设施和文化更多元的劳动力基础上。劳动力必须拥有更高的技术以及批判性的素养，拥有互动性、文化敏感性且具备教养；同样，民主的振兴则需要知情公民的参与。因此，不断的技术革命使彻底的教育重组成为必须，这是激进分子在20世纪所要求的，而如果将卢梭和沃斯通克拉夫特[2]（Rousseau & Wollstonecraft）等人（他们将教育的渐进式改革视为民主的关键）也考虑在内的话，这种要求甚

---

[1] 本书中的"灌输式概念"（banking concept），也被译为"银行式""存款式""储蓄式"，本书统一称"灌输式"。——译者注
[2] 沃斯通克拉夫特：此处指英国著名的女性主义作家玛丽·沃斯通克拉夫特（Mary Wollstonecraft, 1759—1797），她被视为现代女性主义的奠定人之一。在《女权辩护：关于政治和道德问题的批评》这部重要女性主义著作中，玛丽抨击了当时妇女受到的教育限制。——译者注

至可以追溯到启蒙时代。然而今天，强烈的变革压力更多地来自技术和经济，而较少来自教育改革本身。随着全球经济的发展和新兴技术对创新技能、竞争力、素养和实践的需求，今天的经济要求新的素养。虽然这场技术革命的影响模糊不清，但它向教育改革者提出了诘问，即教育是否需要为促进民主和满足人类需求而重建，或者教育是否应转变成主要为商业和全球经济利益服务。

因此，教育将进行怎样的重建，为谁的利益以及为什么目的而重建，是一个紧迫的问题。我们比以往任何时候都更需要就教育目的和宗旨展开哲学反思，思考我们正在做什么，以及致力于在教育实践和机构中追求什么样的目标。在这种情况下，回顾约翰·杜威的主张可能有所启发，这会使我们认识教育与民主之间的联系，认识重构教育和社会的需要，认识实验教育学寻求解决当今（1916/1997 和 1938/1963）[1] 教育问题所采取的方法的价值。逐步推进教育重构将促进民主利益，确保人人都能获得新技术，并提供掌握新技术所必需的数字和媒体素养教学。这种教育重构将帮助学生和公民克服所谓数字鸿沟和贫富差异，使教育正如杜威（1916/1997）和弗莱雷（2010）所希望的那样，为民主和社会正义服务。

然而，我们应该比杜威更加清晰地意识到，阶级、性别和种族的差异持续存在，同时我们应自觉为多元文化的民主和教育而

---

[1] 见参考文献 Dewey, J. (1916/1997). *Democracy and education*. New York, NY: Free Press. Dewey, J. (1938/1963). *Experience & education*. New York, NY: Collier Books。——译者注

努力。这一任务要求我们重视差异和文化特殊性，共享自由、平等、个人主义和参与之类的杜威式价值观。对民主的和多元文化的教育重构进行理论化，促使我们直面数字鸿沟，即信息与技术之间存在的鸿沟，这就像当今社会和文化等一系列领域中存在着阶级、性别和种族鸿沟一样。

有了适当的资源、政策、教学法和实践，教育工作者可以通过批判性媒体素养的广泛教学，努力缩小贫富差异（不幸的是，这一差异越来越大）。这类教学不仅必须提供使用和重构新技术及媒体的路径，也必须传授给参与者相关能力，使之能加入如今的社会讨论、媒体生产创造以及政治行动。例如，佛罗里达州帕克兰枪击案中的学生，利用他们的媒体技能抗议放任的枪支法，并动员其他学生和人员参加政治示威和运动，以谋求改变枪支法并选出一个更负责的国会（霍格和霍格，Hogg & Hogg，2018）。

因此，批判性媒体和数字素养包括从提供技术能力到鼓励学生参与媒体分析、制作和应用在内的广泛项目。虽然在当今技术化的社会中，单靠技术并不足以使教育民主化并充分变革，但如果补充提供适当的机会和培训，还是可以对教育有所改进。也就是说，仅凭技术并不必然改善教与学，而且它本身一定无法克服严重的社会经济分歧。事实上，如果没有适当的资源、教学法和教育实践，技术还可能成为真知学习（genuine Learning）的障碍或负担，而且可能会增强而非克服现存权力、文化资本和财富之间的分歧。

接下来，我们会着重阐述批判性媒体素养在扩展素养概念和重构教育等方面的作用，以便让学生做好准备去应对媒体和信息传播技术在生活中各个方面的增长。我们还提出一些方法，以使新的信息传播技术和批判性媒体素养作为强大的教育形式，能为建立更民主和平等的社会做出贡献；而不仅仅是以牺牲他人的利益为代价，去为特权阶层个人和群体提供技能工具，以提高他们的文化资本和社会权力。

## 第一节 媒体素养：一项未完成的挑战

素养包括获得技能和知识从而读解世界上的各种文本，并成功驾驭和应对挑战、冲突与危机。由此，素养就成为人们有能力参与地方、国家和全球经济、文化、政治的必要条件。正如杜威（1997）所言，教育是必要的，它使人民能参与民主。如果没有受过教育、知情且有素养的公民，就不可能有强大的民主。此外，素养、民主、赋权和参与之间存在重要关联。如果素养没有得到充分发展，穷人和富人之间的差距就无法克服，个人和群体将被排除在新兴经济、网络社会和全球文化之外，从而屈服于日益恶化的贫困、社会环境退化以及多种形式的压迫。

除了阅读、写作和其他传统印刷媒体素养之外，人们可能还认为，在技术革命时代，我们需要发展强大的批判性媒体素养、计算机素养和多媒体素养等，从而在教育重构中培养"复合型素养"。计算机和多媒体技术需要创新的技术和能力，同时，如果教育要与当代生活中的问题和挑战相关联，就必须拓展素养的概念，发展新的课程和教学法。

无论传统主义者还是改革主义者都会认可，教育和素养密切相关。在我们的概念中，"素养"包括获得有效利用社会所构建的沟通和表达形式的能力，并具备加以利用的意识。学习素养涉及在规则和惯例支配的社会语境中取得的职业能力素质。素养涉及各种制度话语和实践，它在教育和文化工作中展开社会建构。素养的演变和转化是对社会和文化变迁的回应，也是对那些控制霸权机构的精英们利益的回应。

然而，我们应该抵制那类认为书籍和印刷媒体素养的时代已经结束的极端观点。虽然目前形势存在不连贯性和新奇性，但也同时存在重要的延续性。事实上，在新兴的信息和传播技术环境中，传统的印刷媒体素养在以计算机为媒介的网络世界里越来越重要，因为人们需要批判性地细读并浏览大量信息，这使培养阅读和写作能力成为新的重点。举例来说，互联网讨论组、聊天室、电子邮件、博客、Twitter和所有形式的社交媒体都需要读写技能，它强调清晰和精确的重要性。在信息饱和的背景下，避免文化和信息过载，简洁地传达思想情感变得十分重要。

在新的多媒体环境下，批判性媒体素养无疑比以往任何时候都更重要。文化研究和批判性教育学已经开始教导我们认识到当代社会中媒体文化的普遍性；认识到当世界各地右翼政府攻击移民、有色人种和穷人时，对于文化层面可持续性教学法的需求日益增长（帕里斯和阿利姆，Paris & Alim，2017）。在这种全球语境下，更需要能应对文化多元和社会差异问题并以社会环境正义为目标的媒体素养。人们越来越认识到，媒体的表达有助于构建我们对世界的设想和理解。教育必须应对双重挑战：既要在多元文化社会中教授媒体素养，也要让学生和公众认识到，社会的不平等和不公正是建立在性别、种族、阶级不平等和歧视基础上的。最近的批判性研究表明，主流媒体对加剧或减少这些不平等现象发挥了作用；而批判性媒体教育和替代性的媒体生产则有助于健康异质的多元文化主义并增强民主。批判性媒体直面当前我们作为教育工作者和公民所面临的最严重问题。

然而，尽管媒体文化在当代社会和日常生活中无处不在，尽管人们也认识到媒体本身就是一种教学形式，尽管人们批评流行文化中扭曲的价值观、理想和对世界的表述，媒体教育却从未在美国中小学的学校教育中得以系统地建立和培育。然而，当前技术革命比以往任何时候都更突出电视、手机、流行音乐、电影、视频游戏、数字平台和广告等的作用，因为互联网迅速吸收这些文化形式，并创造出新的网络空间以及文化和教育形式。面对网络和媒体文化的饱和，忽视这些社会化形式和教育形式极不负责任。因此，教育的批判性重建应该生成能提供批判性媒体素养的教学法，并使学生、教师和公民有能力辨别媒体文化的性质和影响。

媒体文化是一种教育形式，它教导人们认识行为正当与否，以及关于性别角色、价值观和世界的知识。个体往往意识不到他们正在受到媒体文化的教育和建构，因为媒体文化的教育方式常常是无形的和潜意识的。这种情况就要求采取批判性的方法，让人们意识到媒体如何构建意义、影响教育受众，并将其信息和价值观强加给我们。一个具有媒体素养的人善于分析媒体规范和惯例，有能力批评刻板印象、价值观和意识形态，能解读并创造多重含义和信息。媒体素养帮助人们明智地使用媒体，鉴别和评估媒体内容，批判性地剖析媒体形式，调查媒体的效果和使用，并产生各种形式的媒体信息。

然而在教育界，有关媒体教育学领域由什么构成的争论仍然存在，并伴随不同的议程和方案。传统"保护主义"方法试图培养对书籍素养、高雅文化、真理、美感和正义价值观的品位，同时贬低各种形式的媒体和计算机文化，为年轻人"打预防针"，使之能够抵御媒体成瘾和媒体操控的影响（波兹曼，Postman，1985）。与此相对，"媒体素养"运动试图以典型的印刷媒体素养心理模型方式，教学生去阅读、分析和解码媒体文本（卢克和弗里伯蒂，Luke & Freebody，1997）。相应地，媒体艺术教育培养学生欣赏媒体的审美品质，并教学生使用各种媒介技术作为自我表达和创造的工具。批判性媒体素养建立在这些方法基础上，将媒体文化作为社会生产和斗争的产物来分析，教导学生对媒体表征和意识形态持批判态度，同时也强调学习用媒体表达自我并进行社会行动的重要性（凯尔纳，1995；沙尔，2015a）。

发展批判性媒体素养教学法，还包括认识如何积极利用各种类型的媒体来教授广泛的主题，如多样性民族和种族多元文化的理解问题，以种族、性别、性向和宗教等为核心的歧视压迫问题，以及教育致力于社会和环境正义的必要性等。举例而言，如果教育要倡导真正的多样性并拓展课程内容，那么十分重要的是，被排除在主流教育之外的群体必须了解自己的传统，占主流的群体必须去考察少数及边缘群体的经历。因此，批判性媒体素养能够增强多元文化素养，即理解并参与各类文化和亚文化的异质性，这些文化和亚文化构成了日益全球化和多元的文化世界；批判性媒体素养还能够促进对阶级、种族、性别和性向所构成的差异、挑战和压迫形式的理解。

批判性媒体素养不仅教学生从媒体中学习，抵制媒体操控，以建设性的方式使用媒体资料；还涉及对负责任的公民的培养，赋予其技能，使之成为社会政治生活中积极且有能力的参与者。批判性媒体素养与激进的参与式民主计划密切相关，它关注的是对民主的加强以及参与的技能。它采取综合方法教授批判性技能，教授如何将媒体作为社会沟通和变革的工具。对年轻人和普通公民而言，通信技术越来越易于获取，并可用于促进教育、民主的自我表达和社会进步。那些可能有利于终结参与式民主的技术，既可以将政治转变为媒体奇观和图像战争，将观众变成文化的行尸走肉，也可以促进民主辩论并提升参与度。

事实上，批判性媒体素养教学可以是一个参与性、协作性的项目。教师和学生（或家长和孩子）一起看电影或在线发帖，可以促进他们之间的生产性讨论。其重点在于启发学生观点，开启对媒体文本的多样性解读，并教授有关阐释学和批评的基本原则。学生和年轻人通常比他们的老师更精通媒体、见多识广，更沉浸于媒体文化。他们可以通过分享自己的想法、见解和洞察，在教育过程中做出贡献。应鼓励批判性讨论、辩论和分析,教师摆出突出的问题,并引发关于学生所阅读媒体资料的批判性思考。由于媒体文化往往是学生身份认同和强大文化体验的必要组成部分,教师在批评学生所珍视的事物和见解时必须保持敏感;因为对差异的批判性尊重和对媒介文化性质与效果的质疑,才是我们应当提倡的氛围。

然而,培养批判性媒体素养的一个主要挑战是,它不像传统意义上的教学法那样,有确立的原则、经典的文本和久经考验的教学程序。批判性媒体教学法处于起步阶段;它才刚刚开始发展,比现有的印刷导向的教学法更具开放性和实验性。此外,媒体文化的技术和资料是如此多义、多元且受到多种解读影响,它需要在对媒体文化复杂的图像场景、意义表述和信息意涵进行差异化读解和感知时保持敏感。媒体文化有其自身的方式,和书籍文化一样复杂,对其进行批判性解读一样富有挑战性。此外,我们需要认识到,个体基于自己的阶级、性别、种族、性向和主体立场,对媒体中的阶级歧视、性别歧视、种族歧视、性向歧视和其他形式的偏见,都有不同的感知和体验。

批判性媒体素养教育还包括占据一个超越"粉丝圈—审查者"二元结构的位置。教学包括媒体文化如何传播有关社会的重要言论或见解,如何强化性别、种族和阶级的愿景,复杂的审美结构和实践。这样,人们将会积极地解读媒体文化在教育中的显著贡献。然而,我们也应该指明媒体文化如何对性别歧视、种族歧视、阶级歧视、性向歧视等其他形式的偏见加以强化,并对误导性信息、有问题的意识形态和可疑的价值观进行传播。通过探讨媒体文化的积极影响和消极影响，我们提倡一种辩证且批判的方法，将媒体视为包含正确信息与错误信息、潜在知识与"错误教育"的多种形式。在后续章节中，我们将推进批判性媒体素养这一概念，其中会涉及性别、种族、阶级、性向问题，当代媒体和技术社会中的其他关键的身份认同因素，以及压迫与歧视形式。

## 第二节　批判性媒体素养概观

批判性媒体素养从文化研究和批判性教学法等多学科领域发展而来，旨在拓展我们对素养的理解，包括所有类型文本的阅读写作并将分析深化到更具批判性的层面，以审视媒体和受众、信息和权力的关系。批判性媒体素养构成一个特定的知识体系、一套技能，以及一个概念性理解的框架（巴金汉姆，Buckingham，2003）。以下是六个批判性媒体素养的概念性理解和相应的问题，它们是在世界各地众多学者和机构既有工作的基础上列出的（芬克、凯尔纳、沙尔，Funk，Kellner，Share，2016）。

| 概念性理解 | 问题 |
| --- | --- |
| 1.社会建构主义（Social Constructivism）<br>所有信息都是由在社会语境中做选择的个人和（或）群体共同构建的。 | 哪些人可能做出有助于创作这一文本的选择？ |

续表

| 概念性理解 | 问题 |
|---|---|
| 2.语言/符号学（Languages/Semiotics）<br>每种媒介都有自己的语言，并有特定语法和相关的语义学。 | 该文本是如何构建、传递和访问的？ |
| 3.受众/立场（Audience/Positionality）<br>个人和团体对媒体信息的理解相似和（或）不同，取决于多种多样的语境因素。 | 如何对这一文本作出不同理解？ |
| 4.表征政治（Politics of Representation）<br>媒体信息及其传播媒介总是带有偏见，对权力、特权和快乐的主导等级展开支持和（或）挑战。 | 什么价值观、论点和意识形态在文本中被体现或遗漏，或被媒介影响？ |
| 5.生产/机构（Production/Institutions）<br>所有媒体文本都有一个（通常是商业的或政府的）目的，这是由创作者和（或）他们运作的系统塑造的。 | 为什么这个文本被创建和（或）共享？ |
| 6.社会和环境正义（Social and Environmental Justice）<br>媒体文化是一个斗争领域，它延续或质疑关于人、群体和事务的积极和（或）消极的观念；它从不中立。 | 这一文本对谁有利和（或）不利？ |

　　这些概念性理解和问题试图引导教育者和学生走上一条重要的探究之路，去质询任何一个文本、媒介和围绕它的语境。正如科瓦奇和罗森斯蒂尔（2011）所断言，"提出问题开启了解构我们

所面对的媒体内容的过程。批判性思维不是一个公式，而是一个旅程"（p.210）。

批判性媒体素养所依据的许多理论都是从批判传播理论和文化研究演变而来的。批判研究领域始于20世纪的欧洲，并随着对媒体和社会新的批判不断发展。从20世纪30年代到60年代，法兰克福社会研究所的研究人员运用批判社会理论，分析了媒体文化和新传播技术工具如何再生产意识形态以及社会控制的主导形式。20世纪60年代，伯明翰大学当代文化研究中心的研究人员将受众作为现实的积极建构者，而不仅仅是外部现实的镜像。这种更为复杂的理解，补充了早期对意识形态的关注，扩展了意识形态概念并将种族、性别、性向以及阶级等其他要素纳入其中。文化研究不断发展，并吸收符号学、女性主义、多元文化主义和后现代主义等概念（凯尔纳，1995）。文化研究结合对政治经济学、文本分析、受众理论的辩证理解，其批判将媒体文化作为动态话语。它对主导意识形态、娱乐、教育进行再生产，且为反霸权提供可能。

批判性媒体素养的概念性理解与"进步教育"（progressive education）[1]关系最密切，当通过批判性教育学中的民主方法进行

---

[1] 进步教育于20世纪上半期盛行于美国，是一种反对传统教育形式主义的教育哲学思潮。有"进步教育之父"之称的帕克（Francis Wayland Parker, 1837—1902）于1870年代首先提出"教育要使学校适应儿童，而不是使儿童适应学校"的原则。其后杜威于20世纪初将实用主义（Pragmatism）哲学运用于教育领域，其实验和理论更壮大了进步主义的声势，甚至远播至中国。——译者注

教学时，这种方法遵循杜威和弗莱雷等变革教育者的理念。如果缺乏将教育视为扩大参与式民主力量的关键框架，核心概念可能会成为进步主义谋求效用的工具（罗宾斯和韦伯斯特，Robins & Webster，2001），并失去其变革潜力（弗格森，Ferguson，2004）。随着媒体教育的不断发展，批判性教学法必须成为核心组成部分，批判性媒体素养必须与社会和环境正义、参与式民主和渐进式社会转型相联系，这非常关键。

## 第三节　批判性媒体素养的教学先驱

| 杜威 |

约翰·杜威（1859—1952）是一位杰出的教育哲学家，他对当今理解进步教育做出了巨大贡献。安东尼娅·达德（Antonia Darder）、玛塔·巴尔托达诺（Marta Baltodano）和鲁道夫·托雷斯（Rodolfo Torres）（2003）在他们撰写的批判性教育学历史著作中向杜威致敬，认为他"对致力于推进教育民主理想的进步教育工作者产生了重要影响"（p.3）。杜威赞同环境的力量，认为理解环境并与之相联系对教育至关重要。他解释道，"环境由促进或阻碍、刺激或抑制一个生命独特活动的那些条件组成"（杜威，1916/1997，p.11）。正是通过与环境的相互作用，杜威称生命成为"一个自我更新的过程"（p.2）。对当今美国的大多数学生来说，他们所处环境的一个主要部分是媒体，而批判性媒体素养为他们应

对并改变环境提供直接的途径。

建基于经验的实用主义教学方法，使杜威的民主进步目标变得切实可行。他坚持认为，"每一次经历都是一种推动力。它的价值只能根据其所趋向和进入的事物来衡量"（1938/1963，p.38）。杜威认为，渐进式教育是一种持续的螺旋式教育，教师通过构建学生参与、探索和实验的经验，来创造好奇心。当他们积极挑战新经验时，他们的探询也继续螺旋式上升，从而提出更多问题并联系起更多经验。他解释道：

> 产生问题是对思维的刺激，但除非是由特定的经验引入一个此前不熟悉的领域，否则就不会产生问题。现有经验中的情境作为问题的来源，这正是以经验为基础的教育与传统教育相互区别的一个特点。（p.79）

杜威区分了经验式的进步教育和关注社会整合及事实传递的传统教育。根据其民主目标，杜威极力强调积极学习、实验和解决问题的必要性。他断言，当学生们意识到自己和资料之间存在着有意义的联系时，他们就会对教育产生兴趣。杜威的实用主义方法将理论与实践相联系，要求学生同样将反思与行动相联系。用杜威的话来说："数字成为研究的对象，不仅仅因为它们已经构成了一门名为数学的学问分支，而且因为它们能代表我们行动所处世界的性质和关系，因为它们是实现我们目标不可缺乏的要素。"（1916/1997，p.134）要使媒体教育具有变革性，就必须通过一种批判性的教学法来实施教学。这种教学法认识到：

> 知识之所以具有人文主义素质，并不是因为它与过往的人类产品相关，而是因为它在解放人类智慧和人类同情心方面发挥的作用。任何实现这一效果的学科都是人性化的，任何没有实现这一效果的学科，甚至都不具有教育性。（杜威，1916/1997，p.230）

变革性教育需要一种批判性团结教学法，在这种教学法中，同情心和同理心帮助学生理解人们通过支配性的和从属性的系统彼此相连接的方式。通过将媒体生产与批判性分析相结合，批判性媒体素养从而具备创造释放性教学法的潜力。

| 弗莱雷 |

巴西教育家保罗·弗莱雷（1921—1997）是进步教育和批判性教学法发展中的另一位关键人物。达德及其同事们（2003）指出，"许多人认为，弗莱雷是批判性教育思想及实践的发展中最具影响力的教育哲学家"（p.5）。杜威和弗莱雷都对已有的教育体系持批评态度，都是进步的社会变革倡导者，都坚信理论与实践相结合的必要性。然而，弗莱雷的革命性教育学建立在从压迫中求解放的基础上，杜威的自由主义改革并没有那么激进。两位教育家认为，人类正在进化，教育是一种重要工具，能够帮助人们变得更

加人性化且更加全面。杜威反对二元论，而弗莱雷的辩证观点把自由定义为压迫的对立面。弗莱雷（2010）断言，"对人性化的关心将即刻导致对非人性化的识别，这不仅是一种本体论的可能性，还是历史现实"（p.43）。

弗莱雷的批判性教学法在呼吁意识化方面具有彻底的政治性，这是一种革命的批判意识，涉及对压迫的觉察和行动。他提出将*提问式教学法*作为广泛存在于世界多数学校且违背人性的*灌输式教育*的解放性替代方案。弗莱雷将灌输式教育描述为一个异化系统，它像把钱存入银行那样把信息碎片输送给被动接受的学生。他解释说，灌输式教育真正的教学是一种隐性课程，这种课程向学生灌输并使学生顺从，"因为被压迫者越被引导适应这种情形，他们就越容易被支配"（p.74）。

弗莱雷所支持的提问式教学法这一替代方案，要求学生和教师对话交流，双方在交流中相互教授并学习。他指出（2010），"人必须寻求与他人团结共处。一个人不能把自己的意愿强加于人，也不能仅仅与学生相安无事地共存。团结需要真正的交流"（pp.76-77）。它是一种革命行为，需要*实践*、批判反思和变革社会的行动。弗莱雷写道："在辩证思维中，世界和行动相互密切依存。"（p.53）这里的实践观念，就是批判性媒体素养教会学生如何创造媒体、批判地参与媒体文化、分析媒体信息的一个重要原因。亨利·詹金斯（Henry Jenkins，2006）断言，"我们需要重新思考媒体教育的目标，使年轻人能把自己看作文化的生产者和参与者，而不仅仅是批判者或其他形式的消费者"（p.259）。

因此弗莱雷认为，学校教育制度将学生塑造成被动的知识接受者，而非生产者和创造者。弗莱雷以对"灌输式"教育概念的批判而闻名，在这一概念中，学生被视为空白的接受者，需要由老师将之填满。教育的灌输式概念"把学生变成接受对象。它试图控制思想和行动，引导男性和女性适应世界，并抑制他们创造的能力"（p.77）。弗莱雷对"一言堂的神话化"描述进一步阐明，占主导地位的少数群体为压迫多数群体，需要如何增强被压迫者的异化和被动性。这种增强行为通过霸权主义神话来实现，这些神话在学校里被教授，在媒体中被重复，并经由在社会中占主导地位的世界观而变得自然而然。比如需要服从权威才能获得成功，或"自由市场"和竞争是确保所有人走向繁荣的最佳社会组织形式之类的资本主义神话。

弗莱雷解释道，压迫的神话"是通过组织良好的宣传和口号，由大众'传播'媒体呈现给他们的——就好像这种异化构成了真正的传播"（p.140）。基于对媒体在维护霸权和压迫中角色的理解，弗莱雷建议，提问式教学法需要把这些神话当作问题呈现给学生，并通过对话来予以揭示。他声称（2010），"我批评的不是媒体本身，而是媒体的使用方式"（p.140）。因此，批判性媒体素养可以帮学生解构神话，并采取行动创造反霸权的媒体，使学生成为主体而非客体，并命名自己的世界。通过去自然化的媒体表征，学生可以揭示出意识形态的运作方式。然而，仅仅鉴别出性别歧视、种族主义、阶级歧视、性向歧视信息或其来源是不够的；应该鼓励学生质疑这些压迫性意识形态是如何得到规范和维系的，然后创造替代性的阅读材料，揭露并挑战意识形态的话语叙述。

## 第四节　批判性媒体素养在21世纪的重构

以往的批判教育和媒体素养培育，发生在以工业和技术革命、日益扩大的贫富差距、周期性经济和社会危机，以及环境恶化为特点的20世纪社会经济环境中。批判性的教育者试图通过赋予学生能力，使之在复杂的、不断发展的、充满挑战的世界中成长为公民，从而应对这些问题。随着冷战期间世界各地冲突增加，南半球反殖民主义和后殖民主义运动加剧，在美国等发达的民主资本主义国家内部，围绕种族、阶级、性别、性向、宗教和政治意识形态的冲突愈演愈烈。

在进入21世纪第三个十年之际，我们需要重新思考并重建教育，使之与当代社会文化、经济、政治、全球和环境的诸多挑战相适应。激烈的技术发展和持续不断的社会、政治、文化挑战，是横亘在20世纪和21世纪之间的常量。教育工作者需要批判性地运用新技术和社交媒体，将素养从书籍扩展到其他媒体，再扩展到新的数字素养，教育学生和公民成为当代社会斗争和危机的有力参与者。

批判性媒体和数字素养需要围绕阶级和不平等，性别、种族和性压迫，宗教歧视和政治偏见等冲突。它需要教育学生成长为对从书籍、广播到新数字媒体和社交网络上多种文本具备批判性和辨识力的读者。因此，素养必须不断进化，去拥抱文化和传播新技术新形式；它必须是批判的，教育学生成长为媒体文本和新型社会传播的有鉴别力的读者、翻译者和生产者。

由于新技术为合作以及媒体生产提供比以往更廉价、轻松和易获得的机会，同时也由于共同核心州立标准（the Common Core State Standards，CCSS，共核标准）[1]在美国的普及，现在已经到了教育工作者探索批判性媒体素养变革潜力的时候。当前的标准化、私有化和高利害测试[2]的压力，促使公共教育更关注全球竞争而非民主理想和社会正义。本书中我们提出，批判性媒体素养教育学是教育工作者的重要战略，它与知情和被赋能的全体公民一起，加强公民参与并重申民主承诺。我们探索了关键理论话语，讨论如何能将批判性媒体素养教育付诸实践并纳入教师培养计划，以便职前教师能更充分地准备好，去指导学生对信息传播技术和流行文化展开批判性探究。

正如弗莱雷（2010）、津恩（Zinn，2005）和其他许多人所判断的那样，认识到教育和素养的政治性对变革式教学与民主至关重要。批判性媒体素养是一种指导教师和学生批判性思考周围世界的教育；使他们有能力作为负责任的公民去行动，具备向不

---

1　共同核心州立标准，是美国于2010年颁布的一项课程标准，规定K—12学生在各年级课程结束时在英语文学和数学方面应该掌握的知识。本书部分章节缩写为CCSS，译文简称"共核标准"。——译者注

2　高利害测试（high-stakes testing）：指测试成绩对相关主体的利益影响很大的测试。在美国，最著名的高利害测试就是《不让一个孩子掉队》法案（No Child Left Behind ACT，2002）出台后所要求的考试，如高中毕业考试、各年级学业标准化考试等。同时，高利害测试也是一种加强教育问责的手段。——译者注

公正挑战的技能和社会意识。批判性媒体素养的发展突出文化研究、批判理论和新的数字素养的核心概念（博伊德，Boyd，2014；弗格森，2004；霍尔，Hall，1998；凯尔纳，1995；马斯特曼，Masterman，2001；莫雷尔，Morrell，2012）。它还提供一个框架，鼓励人们以多种形式批判性地阅读信息，创造出替代性的表征，对权力等级、社会规范和不公正进行质疑，并成为变革的推动者。

技术的指数级增长，连同媒体公司和新媒体平台的融合，正在改变社会和学生，使他们比以往任何时候都更媒介化和网络化（詹金斯，2006；麦克切斯尼，2015；普伦斯基，Prensky，2010）。Facebook创建于2004年，报道称全球五分之一的人口是其活跃用户，其中14.7亿人每天都使用它（Facebook，2018）。尽管Facebook已经被Snapchat和Instagram取而代之，不再是大多数美国青少年中最流行的社交媒体平台（皮尤研究中心，PEW，2018），但它仍是世界最大的公司之一。数以百万计的年轻人走进教室时，揣着口袋大小的设备，可以即时获取信息和娱乐，也有可能创造和传播几秒钟就能传遍世界的多媒体信息。

批判性媒体素养为学生和教育工作者提供一个机会，去重新思考将教育和学习视为提升意识并赋予权力的政治行为。虽然共核标准存在一些重大问题（布雷迪，Brady，2012），但它也可以作为一种工具去支持教育工作者采取更多的批判性方法，将素养教育纳入所有学科，并鼓励学生参与数字媒体学习。共核标准提出，课堂上的媒体和技术使用并不是越多越好，因此呼吁应对其进行限制。此外，媒体和技术并非中立工具。相反，正如斯托达德

(Stoddard, 2014)提出的那样，它们本身就嵌在社会政治背景中：

> 通常情况下，作为互联网硬件和核心的数百万英里长的光缆和服务器的连接，被视为中立的和不受控制的。这种中立性假设忽略了许多人和（由人创建的）软件才是创造、翻译和沿着光缆或最终通过空中卫星、Wi-Fi或蜂窝网络发送信息的核心。(p.1)

共核标准对媒体和技术的关注方向正确（莫尔和博尼拉，Moore & Bonilla, 2014），但为使这些新工具服务于负责任的参与式民主这个目标，媒体和技术应在批判性媒体素养的框架内被使用。

## 第五节　新技术/新素养

在一个传播系统数不胜数、语言文化多样性日益增加的时代，注重标准民族语言和音标译解的传统素养观念已不再充分（新伦敦小组，New London Group, 1996）。传统的阅读和写作模式是一种实证主义心理学模式，将素养界定为个体认知技能，试图探索固定的外部现实。这种范式需要拓展到更为深入的社会学理解中，即认为素养源于并贯彻于社会实践，其多重视角"与素养文化中日常生活的政治和权力关系牢牢相连"（卢克和弗里伯蒂，1997，p.185）。利维斯和杰哈利（Lewis & Jhally, 1998）表示了担忧："如果美国媒体教育不能将媒体文本定位于广泛的社会现实中，它将陷入困境。"（p.3）他们认为，当媒体素养以文本为中心而忽视语境时，它就忽略了意识形态、权力、政治经济、生产和接受等重要问题。利维斯和杰哈利并不建议用语境方法取代以文本为中心的方法，但与卢克和弗里伯蒂（1997）一样，他们呼吁将社会学视角纳入素养教育最常见的心理学和认知观念中。这种超越文本的阅读和写作，也是四资源模型（Four Resources Model）的一个重要组成部分（卢克和弗里伯蒂，1999）。四资源模型出自他们在澳大利亚的工作成果，列出多模态世界识读所必需的四种能力：打破文本编码、参与文本意义、功能性地应用文本以及批判性地分析和转换文本（卢克和弗里伯蒂，1999）。正如瓦斯奎兹（Vasquez，2003）所阐明的：

> 卢克和弗里伯蒂主张，阅读应该被视为一种非中立的文化实践形式，以有利与不利的方法锚定读者。他们认为，读者需要有能力质疑那些文本中嵌入的假设和意识形态，并质疑他们本身作为社会文化存在物带给文本的假设。这就引出这样一些问题：谁的声音被听到了？谁是沉默着的？谁的现实被呈现了？谁的现实被忽视了？谁有优势？谁处于劣势？这类问题为分析话语或存在方式开辟了空间，这些话语和存在方式维护着某些社会实践而非其他的实践。（p.15）

潘地亚和阿克曼（Pandya & Aukerman，2014）将四资源模型作为一个透视镜分析共核标准中的技术，说明新标准语言中缺乏批判能力。他们将与技术相关的批判能力描述为："批判和分析文本的能力，重新设计新印刷文本和数字文本的能力（有时作为批判的一部分）；明白文本从来不是中立的，而总是体现了特定的观点。"（p.429）潘地亚和阿克曼（2014）警告说如果教师不特别关注"培养儿童的批判能力"，"我们怀疑儿童和教师都会继续专注于翻译、创建和分享（数字）文本，其代价是牺牲对由文本组织且以文本为基础的权力关系的分析和批判"（p.432）。今天的学生需要技能和意向去以多种方式处理信息，特别是如果他们要在塑造民主方面发挥作用的话，更需要这种技能和意向。这种对素养的社会学理解可以与一种变革性的教育学以及媒体教育相联系，通过情境化的方法批判性别、种族和阶级的主导意识形态。它涉及意识形态框架及其在文化环境中的运作方式，这些文化环境由集体塑造，被媒体和与媒体互动的人塑造。这种教育学的目的在于，探究受众、信息、娱乐、权力和意识形态之间的复杂关系。

## 第六节　媒体、权力和意识形态

在1848年欧洲资产阶级民主斗争中，卡尔·马克思和弗里德里希·恩格斯（Karl Marx & Friedrich Engels, 1978）提出了一种意识形态的批判方法。马克思和恩格斯认为，意识形态是这样产生的，"占主导地位的物质关系以观念形式表示；这种物质关系使一个阶级成为统治阶级，因此，这个统治阶级的观点就占主导地位"

（达勒姆和凯尔纳，Durham & Kellner，2006，p.44）。对马克思来说，新兴的主导阶级是资产阶级，其主导观念通过资本主义市场体系合法化，包括自由且自我调节的市场、竞争和个人主义等思想，这些概念在当今资本主义社会仍然占主导地位。

意识形态具有社会维度，而不仅仅是在机会均等环境中竞争的个人观点（弗格森，2004；奥洛夫斯基，Orlowski，2006）。达勒姆和凯尔纳（2006）解释说，研究意识形态鼓励"读者认识到，所有文化文本都有明显偏见、利益和价值观嵌入，再现其生产者的观念，且通常是主流社会群体的价值观"（p.xiv）。通过审视他们的意识形态假设，学生可以学会对他们所认为的"正常"或"常识"提出疑问。之所以假设某些东西是"常识"，是因为观念和文本是经由一个占主导地位的框架而产生并散播的，这个框架通过强有力的主导叙事来表达，通常通过媒体、学校、政府、宗教或家族进行传播。

从20世纪30年代到60年代，法兰克福社会研究所学者（法兰克福学派的阿多诺、本雅明、哈贝马斯、霍克海默和马尔库塞）在马克思思想的基础上，将大众文化通过媒体的兴起，视为一个涉及意识形态信息传播的过程。也就是说，电影、广播、报纸以及其他传播和文化机构之类的文化产业，相对而言传播着社会的主导思想。他们用批判的社会理论来分析，大众文化和新的传播技术如何使意识形态和社会控制永久化。1934年，法兰克福学派的学者作为德国法西斯主义难民移民到纽约，他们亲身体验了纳粹如何利用电影、广播和其他媒体传播法西斯主义和极权主义意识形态（凯尔纳，1989、1995）。在美国期间，他们得出的结论是，美国的大众文化和媒体传播了占主导地位的美国和资本主义意识形态。

法兰克福学派理论家假设受众接受媒体信息时是被动的，这一观点受到英国伯明翰一批学者的质疑，他们对受众在意义协商中的积极作用提出更复杂的理解。伯明翰大学当代文化研究中心的这批学者（威廉斯、霍格特和霍尔等，伯明翰学派于1964年创立），开始强调观众在媒体接受（或消费）中的积极而非消极作用。此外，随着1980年代女性和有色人种学者，包括麦克罗比和吉尔罗伊（McRobbie & Gilroy）加入该组织，他们敦促将意识形态概念扩大到包括性别、种族和性向的表征领域，因为媒体表征包括性别歧视、种族歧视和性向歧视的图像和叙述，这些都对父权制、种族主义和异性恋主义主导的意识形态进行着再生产（凯尔纳，1995和2010）。伯明翰学派学者还认识到，个人从自己的阶级、性别、种族和其他立场来体验和解读媒体，并可能潜在地抵制和反对阶级歧视、性别歧视和种族歧视意识形态。虽然受众理论研究的兴起使得将媒体受众看作消费者的意向越来越普遍，但学者们严厉批判该领域对观众、听众、用户阅读或消费时，将媒体意义融入生活的不同方式的忽视（巴金汉姆，1993，1996；冈特利特和希尔，Gauntlett & Hill，1999）。

理解语境所起的作用，是阅读、书写世界和词汇的重要部分。当文本（无论是印刷文字、图像、视频、歌曲或T恤）脱离语境、重新呈现和（或）重新混合时，对其信息的理解，将会因读者带来的语境、前见、信念及经验的不同而有所区别。此外，关于信息构建的语境、表征政治（构建信息的人的主体性、分享信息者的偏见）、信息传播中介的性质，以及文本的规范与惯例等，同样具有影响力。语境非常重要，不管听众/读者/观众是否意识到，它总是对信息产生影响。任何信息都不是中立的，任何技术在表达信息时，都不能不以某种方式影响信息（麦克卢汉，2003）。因此，学生所需的理解信息的技能，就包括质疑文本结构和语境的能力。这对于确定新闻报道中的偏见和互联网帖子的准确性而言，同样也具备挑战。当信息脱离上下文时，这项任务可能会更难，因为在中介化和网络化的公众中，信息经常被共享、节选和"混搭"。博伊德（2014）强调说，在网络化公众中，语境是崩塌的，必要的细节分离开，不相关的信息合并起来，使意义的产生（理解）变得更加复杂。就像社交媒体上常有的那样，当一条信息被断章取义，人的沟通能力就会遭遇挑战。

　　媒体教育从许多学科发展而来，批判性媒体素养中理论工作的一个重要部分也来自文化研究的多学科领域。这是一个批判性的研究领域，由法兰克福学派、伯明翰学派、女性主义、酷儿理论、批判性种族理论、批判性本土理论以及其他致力于文化产业影响的研究者的成果组成。这些学派将意识形态的概念扩展到阶级之外，包括了性别、种族、性向以及其他身份认同力量和压迫性力量，同时推进了将受众作为积极意义创造者的复杂理解。运用符号学、女性主义、多元文化主义、后现代主义、政治经济学的辩证理解以及文本分析和受众理论，批判性媒体素养已经发展为一种将媒体和大众文化作为动态话语加以分析的实践，这些话语再现了占主导地位的意识形态以及娱乐、教育，并为反霸权提供可能的替代性方案。

20世纪80年代，文化研究开始进入教育领域。在莱恩·马斯特曼（Len Masterman）的《媒体教育》（1985）出版后，世界各地的许多教育工作者将媒体教育作为概念理解的框架（巴金汉姆，2003）。虽然各媒体素养机构都有自己的重要思想清单，但大多数至少符合五个基本要素：（1）认识到媒体和传播的构建是一个社会过程，而不是将文本作为孤立、中立或透明的信息传递者来接纳；（2）对文本语言、类型、规范和惯例进行的文本分析；（3）探讨受众在意义协商中的作用；（4）将表征过程问题化，以揭示并参与意识形态、权力和享乐等议题；（5）考察那些促使并组织媒体产业开展逐利业务的生产与机制。

不幸的是，目前美国关于媒体教育的许多文献倾向于将批判性媒体素养边缘化为异类，或贴上保护主义的标签（格里克，Grieco，2012；霍布斯，Hobbs，2013），而没有认识到媒体传播的核心概念是从批判性的传统和框架演变而来的。马斯特曼（1985）的奠基性文本用整整一章的篇幅论述意识形态，并强调媒体教育对质疑霸权和主导性神话的重要性。马斯特曼（1985）写道，"然而，必须绝对清楚的是，媒体教育的目标是非神秘化的和批判性的"（p.9）。或许批判性媒体素养被边缘化的一个原因，正是它聚焦于批判。

"批判"一词有时会与否定判断或谴责的观点混为一谈。胡克斯（2010）解释道，"在批判和苛责之间有一个有意义的区别，批判寻求提升意识，苛责用于攻击和贬低"（p.137）。批判性媒体素养将"批判性"定义为辩证的、社会文化的和分析性过程的一个方面。坎贝尔、詹森、戈梅里、法博斯和弗雷谢特（Campbell, Jensen, Gomery, Fabos & Frechette, 2013）断言，"批判的方法并非愤世嫉俗地否定整个媒体风格和实践，而是试图理解媒体制作、传播和诠释所经由的制度性和解释性过程"（p.8）。这种理解的尝试激发了批判性思维，而不仅仅是一种认知观念；它也是一种社会文化理解，旨在培养学生的社会意识及有关媒体运行方式的工作知识。这个关键性概念想要发展弗莱雷（2010）的"意识化"（批判意识）的思想，即一种与世界团结共存的人道主义解放性理解。鼓励学生质疑霸权和社会不公，用他们自己的反叙事作为一种实践形式（反思和行动），来挑战问题性的主导叙事。批判性媒体素养在解决社会公正问题上发挥着重要作用，因此，它也为揭示正常社会结构和各种形式的压迫与反抗提供重要的能力。

正如马斯特曼在1985年所强调的，媒体可以发展一种意识形态视角，使他们的"事实"（和虚构）看起来是"正常的"。马斯特曼（1985）断言，媒体"通过一个通常被认为在意识形态方面毫无瑕疵的流程，即报道'事实'，来实施他们最重要的意识形态功能"（p.129）。他建议，教育工作者不仅要培养学生的批判性思维能力，以揭示表面之下的媒体信息，还应促进对话以质疑意识形态框架，或者去质疑是什么让信息看起来"正常"。下一章我们将要探讨的，正是对意识形态社会建构的审视。

# 第二章
## 意识形态与表征政治

21　　批判性媒体素养比大多数媒体教育的主流方法更难理解和教授，因为意识形态作用的发挥是复杂的和无形的。罗伯特·弗格森（Robert Ferguson, 1998）指出，"'意识形态'不是直接可见的，只能被体验和（或）领悟。可见的是根植于权力关系和从属关系的一系列社会代表性显现"（p.43）。通过将权力关系自然化的过程（使思想看起来是"自然的"或"正常的"），意识形态从其社会和历史建构视野中消失。人们看不到，也就很少会问起。因此，先进的教育者应该引导学生提出批判性的问题，以便揭示在意识形态霸权视野里经常被遮蔽的结构、历史和社会背景。

　　英国文化研究奠基人之一斯图亚特·霍尔（2003）认为，意识形态通过对"常识"的假设来发挥功能，事物被视为"正常"

就意味着所有与它相对的事物都成为"他者"。意识形态的"正常"话语是通过"他者化"所有非"正常"的事物进行建构的。正是在这一背景下，弗格森指出，"对常态的召唤以及在文化和政治上建立可接受的行为模式，往往构成意识形态的基石。这些意识形态的论证通常以牺牲被视为'他者'的个体、群体或国家为代价"（p.154）。霍尔（2003）进一步解释道，"意识形态往往会从人们的视野中消失，消失在理所当然的'自然化'（naturalised）常识世界里。既然种族（和性别一样）似乎是天生'给定'的，所以种族主义是现存意识形态中最深刻的'自然化'意识形态之一"（p.90）。弗格森反过来（1998）提出，种族对媒体教育工作者来说是如此重要的一个问题，其原因在于：

> 由于大多数关于"他人"和"种族"的信息只能通过大众媒体获得，因此表征国际或全球维度的"种族"，甚至比涉及地方或区域事务的问题更多。"种族"问题的表现形象可能是多种多样、支离破碎和转瞬即逝的。（p.253）

理解媒体与种族之间的联系非常重要，因为正如多元文化教育家詹姆斯·班克斯（James Banks, 2000）所言，"媒体对人和群体的表征，是影响儿童认知、态度和价值观的一个具有说服力的因素"（p.xiii）。卡洛斯·科尔特斯（Carlos Cortés, 2000）认为，媒体对儿童的这种影响，创造了一种"媒体多元文化课程"（media multicultural curriculum），这就否定了教育者拥有的决定是否开展多元文化教育的权力。"多元文化教育将通过多种媒体进行,甚至可能并不在学校开展……"(p.xvi)科尔特斯推广了一个将多元文化主义放在首位,以便学生把归纳概括和刻板印象区别开的媒体素养种类。他写道,大众媒体的多元文化课程并不是种族主义的成因,而且确实"大大有助于美国人在多元化领域的思想、情感和行为的结合"(p.69)。科尔特斯认为,媒体对儿童"他者"概念的影响力,源于对从属群体"频繁且多样"的表征(p.154),对于占主导地位的群体而言,这些从属群体按照种族、民族、阶级、性别和性向定义,并被描绘为"其他的"和"低等的"。根据弗格森(1998)的观点,最常见的种族表征往往更集中在个人形象而不是社会形态上,这软化了"历史种族主义的系统过程"(p.218)的观点。弗格森提出,历史的视角是重要的,因为它有助于认识到,种族不是自然或偶然的,而是意识形态的建构。

## 第一节 交叉性

由于媒体和大众文化的多面性,批判性媒体素养教育者需要运用各种理论和观点,有意义地参与表征政治。多视角方法运用多形式的批评理论,来检验媒体文本表现身份和延续歧视的方式(凯尔纳,1995)。金伯利·克伦肖(Kimberlé Crenshaw,1991)提出的交叉性概念提供了一个强有力的视角,揭示出压迫和支配具备穿越阶级、种族、性别和其他形式压迫边界的交叉性。这一概念表明,各种形式的压迫相互交织、共同作用。文化理论家利用交叉性来探索种族、阶级和性别等各种身份标记的表征如何夹缠交错，如何创造多种剥夺权力的来源。批判性文化研究也关注如何借助对如今媒体文化争议领域的斗争和解放进行描绘，来探索反压迫形式的各种表征。

帕特里夏·希尔·柯林斯（Patricia Hill Collins，2000）断言，"有关种族、阶级、性别、性向和国家霸权主义意识形态的谎言之所以根深蒂固，一个日益重要的原因就在于，大众媒体在调节交叉性压迫[1]（intersecting oppressions）方面变得越来越成熟"（p.284）。她指出，媒体中黑人女性的主流形象往往是物化和次要的受控制形象。柯林斯写道，"把非裔美国妇女描绘成刻板的保姆、主妇、福利享受者和性感辣妈，有助于将美国黑人妇女所受的压迫正当化"（p.69）。尽管具体形象和刻板印象可能会改变，柯林斯仍坚持认为，"主导的整体意识形态本身就似乎是交叉性压迫的持久特征"（p.88）。

批判性媒体素养运用多种理论和观点来对表征政治进行全方位研究。其中，媒体文本将阶级、种族、性别、性向和其他构成身份认同要素的结构呈现出来。这种呈现以加剧压迫并延续阶级歧视、种族主义、性别歧视、异性恋主义和其他歧视的方式进行。"理论"（theory）这一概念来源于希腊语"theoria"一词，表示一种看待世界现象的方式。每一种理论都有其焦点和盲点，因此马

---

[1] 交叉性压迫：压迫和支配具备穿越阶级、种族、性别和其他形式压迫边界的交叉性。这一概念表明各种形式的压迫并非单独作用，而是相互交织、共同作用。——译者注

克思主义理论关注阶级、资本主义、经济主题和意识形态批判，而韦伯式分析则关注国家、官僚体制和更多政治制度问题及过程。经典的女性主义理论着重性别和性别关系，批判性别歧视和父权制的表征和叙事。批判性种族理论涉及种族和民族建构，批判种族主义和种族刻板印象，同时寻求新的表征以打破传统的限制和有偏见的表征。多元性别理论关注性别和性向问题，并寻求更积极和多样化地表达性别和性向的形象。因此，所有这些理论都有强有力的焦点和重点，但也有盲点。综上所述，这些理论和其他诸多理论构成一曲复调，并极富争议性地参与到表征政治之中。

可以肯定的是，马克思主义、女性主义和其他批判理论的一些变体，都采用了交叉方法。因而批判性媒体素养倡议，要利用过去几十年社会斗争中出现的所有相关的当代批判理论。在这一概念中，理论是一种视角，它可以参与一系列表征，在涉及不同身份认同标记的文本中，以及"表征政治"的其他维度上，描述文本如何呈现不同社会群体和社会存在的维度。理论还可以提供解释模型，描绘文本在特定社会历史语境中的意义、政治和影响。

## 第二节　立场认识论

通过对父权制思想结构的研究，许多女性主义理论家，如帕特里夏·希尔·柯林斯，发展了女性主义立场认识论（哈丁，2004），这对批判性媒体素养很有用。特权和控制制造盲点，使那些从压迫中受益的人更难看到压迫他人的结构和意识形态。同时，那些没什么特权的人，生活在种族主义、性别歧视、阶级歧视和其他系统性压迫形式中并受过其影响的人，更有可能认识到这些问题，并能够看到具有伤害性的结构。"立场理论"（Standpoint theory）[1]是一种向上研究（studying up）[2]，即从边缘化立场开始探究，以增加看到更大社会结构的可能性，而这些结构往往被霸权主义意识形态掩盖。虽然经历过压迫的人更有可能认识到压迫的结构，但其批判意识并不是自动产生的。女性主义立场理论家断言，"被压迫群体的愿景必须由斗争而来……"（哈索克，Hartsock，1997，p.153）

由于大多数研究和媒体报道，都是从占主导地位的立场开始调查的（比如电视战争报道，在谈论平民伤亡之前先采访军队官员），立场理论家主张，有必要扭转出发点，从受压迫性结构和制度影响最大的人群开始调查。改变研究的起点，会增加一个人获得经验和见解的概率，而这些经验和见解往往是主导话语中经常缺失的。它还致力于减少意识形态的盲点和烟幕，避免将社会结构"自然化"和"正常化"，使之成为"常识"。

批判性媒体素养将批判性教学法与立场认识论相结合，可以

---

1　"立场理论"或"立场认识论"是一种分析主体间话语的理论，其核心概念为，个人的观点是由其社会和政治经历塑造的。立场理论由女性主义哲学自1970年代发展起来，关注性别、种族、社会阶层、文化和经济地位等社会地位，成为理解少数群体、受压迫群体及其思想的框架。——译者注

2　"向上研究"由人类学家劳拉·纳德（Laura Nader）于1960年代提出，意在纠正人类学家对研究"受压迫者和边缘化者"的偏爱，认为不应将其视为遥远孤立的文化成员，而应该在相关研究中纳入更强大的结构性力量。——译者注

为所有学生提供一种方法，有助于他们看到压迫性结构，分析意识形态在掩饰这些结构中扮演的角色，并在他们自身成为主体的行动中，找到能表达自己的声音，挑战种族主义、性别歧视、阶级歧视，以及各种形式压迫的代理人。创造另类媒体和发出声音对每个人来说都很重要，尤其是那些很少被允许为自己说话的人，但如果没有批判性的分析，仅有这些是不够的。探索和揭露压迫结构的批判性分析是重要的，因为仅仅发出声音，是任何被边缘化的受到种族歧视或性别歧视的群体都能够做到的。必须开放空间、创造机会，使边缘群体有机会与压迫展开集体斗争，表达他们的关切，并创造自己的替代性表征。这一过程还可以帮助处于支配地位的学生认识到自身盲点，并对他们所处的压迫体制更加敏感。通过改变调查出发点，自上而下、自下而上，每个人都具备更大的潜力，能够建立批判意识，同情被压迫者，穿透意识形态霸权，看到处于支配地位的体制和系统。

### 第三节　质疑权力

通过小组讨论、批判性分析和政治斗争，课堂可以转变为解放性的教学空间（弗莱雷，2010），而不仅仅是一种社会再生产。边缘化声音和另类观点，通过揭露"信息和知识可以与权力分离，是客观的"这一神话，提供了挑战主流话语的巨大潜力。米歇尔·福柯（Michel Foucault，1995）写道，"所有权力关系都离不开知识领域的建构，所有知识也都假设并建构权力关系"（p.27）。由于带着欲望、恐惧和偏见的人在社会历史语境中构建思想，没有任何信息或知识是客观或中立的。桑德拉·哈丁（Sandra Harding，2004）解释道，"概念框架表现得越价值中立，就越可能促进主导群体的霸权利益，也就越不可能发现社会关系的重要现实"（p.6）。对抗霸权的一种策略是，揭露霸权的结构，揭示一切传播中的固有偏见。

弗莱雷的"提问式教育"鼓励学生集体参与提问，努力解决问题，可以很好地契合立场理论和批判性媒体素养。他提出，"相互合作使对话主体把注意力集中在调解现实上，这个现实作为一个问题，也给他们带来挑战。对这一挑战的回应，是对话主体对现实展开行动，其目的是改变现实"（1970，p.168）。女性主义理论家简·弗拉克斯（Jane Flax，1997）认为，通过批判的女性主义，"现实将比眼下显得更加不稳定、复杂和无序"（p.178）。正是通过将现实问题化，来自边缘地位的知识和故事才有更大的可能性去解读霸权，并提供另一种认识论。当学生着眼于社会转型时，应该从边缘开始调查，然后将其作为集体政治斗争过程的一部分向上研究。虽然这听起来对公共教育来说过于激进，但它实际上符合民主的基本原则和美国人权法案。民主和自由需要一种远远超出读写能力的素养。亨利·吉鲁克斯（Henry Giroux，1987）阐明，"成为有文化的人并'不是'自由，而是要在场，要积极地为拿回自己的声音、历史和未来而斗争"（p.11）。

如果学生学会用批判性的媒体素养框架和立场方法来解构和重建媒体，他们将提高自己对霸权神话的认知能力，加深对结构性压迫的理解，并增强同理心，与那些为自己权利而奋斗的人团结一致。对批判性媒体素养的第一个概念性理解认为，"所有信息都是由在社会背景中做出选择的个人和（或）群体共同构建的"。哈丁（1998）使用了"共同建构主义"（co-constructivism）一词：

> 使用该词是为强调，在本地的任何文化、社会或社会形态环境中，系统性求知始终只是一个要素，它改变和转化如教育制度、法律制度、经济关系、宗教信仰和实践、国家工程（如发动战争）、性别关系等其他要素——同时也反过来为它们所改变。（p.4）

这种对共同建构主义的描述，有助于消除社会建构过程的神话，同时也有助于揭示人、思想和社会的相互联系。哈丁（1998）解释说，"我们可以通过思考共同发展或共同构建起来的文化及知识，保留现实主义和建构主义对我们的社会环境、表征及表征所要代表的现实之间关系的最好理解"（p.20）。

根据弗格森（2001）的观点，理解这些相互联系和依存，对建立"批判性团结"是必要的。他认为，我们与媒体的关系不是自主的，而是依赖于所持的相关社会背景立场。既然我们总是选边站，弗格森（2001）呼吁将批判性团结作为"一种手段，通过它认识到我们思考与分析的社会层面。它也是我们培养分析能力和相对自主能力的一种途径"（p.42）。批判性团结意味着教授学生在人文、社会、历史、政治和经济语境下解读信息和传播，让他们理解自己行为和生活方式的相互关系和影响。这也意味着与弱势群体团结起来，为一个更公正的世界共同斗争。

在这个时候，当有关媒体教育的思想正被全世界采纳时，批判性教学法必须成为核心组成部分。批判性媒体素养应该建立在一个坚实的基础上，采用杜威的经验式教育思想和弗莱雷的提问式教学法。这些教育理论要求学习从学生的已知入手，以他们自己的经验为基础，处理他们日常生活中遇到的问题，帮助他们向课堂外的受众表达自己的思想和关切。以学生为中心的教育，应该随着学生的探索和意义寻求逐步进入新的学习领域。当批判性团结的目标指导媒体教育时，学生们可以一起揭开媒体面纱，消除媒体的神话。

当代社会根据阶级、性别、种族、性向、能力、宗教和其他身份标记的轴线来区分人们。在这本书中，我们探讨了媒体形象和叙事如何使占主导地位的阶级、种族和性别立场合法化，再现种族主义、阶级歧视、性别歧视、性向歧视等其他形式的歧视与压迫。我们首先从媒体对阶级和阶级歧视的表征入手，因为与日益增长的讨论种族、性别和性向表征的文献相比，这方面的研究和讨论更少——所有这些都是批判性媒体素养至关重要的维度。

## 第四节　阶级分化的表征

在美国，商业媒体频繁地赞颂过度消费和富有的生活方式，忽视了对工人阶级和穷人的叙事。当媒体谈论阶级问题时，他们通常会将穷人诋毁为危险或懒惰的形象,忽视使社会和经济差距长期存在的社会结构和制度。长期以来,阶级分化和结构性不平等一直是组织社会和控制人们生活的强大体制。由于巨大的跨国公司控制着如此多的信息和娱乐,它们所讲述的关于阶级的故事,需要被解构、分析、挑战和重构。正是由于媒体文化具有构建叙事和影响受众对社会经济理解的力量,批判性媒体素养必须解决阶级问题,并解释它与我们生活的方方面面相交叉的方式。

批判性媒体素养有关社会经济地位(socioeconomic status,SES)的教学方法提醒教育者和学生,需要提出的问题往往会挑战某些人所认为的社会最基本组成部分。迈克尔·阿普尔(Michael Apple,2004)、弗莱雷(2010)、亨利·吉鲁克斯(2004)和贝尔·胡克斯(2010)等批判性教育学家解决了教育中的阶级不平等问题。虽然主流意识形态认为阶级在当代美国社会正在消失,但事实上阶级差别正在扩大,特别是在种族方面。在一份关注美国财富而非关注收入不平等的报告中,作者声称,"我们发现,如果进程中没有重大变化,美国将走向一个种族和经济隔离的国家"(阿桑蒂−穆罕默德,Asante-Muhammad、柯林斯、霍克西,Hoxie、尼弗斯,Nieves,2017,p.3)。

因此,正如阿特金森(Atkinson,2010)和皮克迪(Piketty,2014)等学者所坚称的那样,尽管当代社会的理论家声称阶级的巨大不平等已经被克服,但这完全是错误的。总的来说,主流媒体如电影和电视,往往颂扬富人和权贵,而消极地表现穷人和劳动人民。传统上,美国电视关注中产阶级家庭,关注医生、律师或企业主管等专业人士，而有意忽视工人阶级生活。理查德·布茨（Richard Butsch, 2003）基于40多年来对美国黄金时段情景喜剧中的阶级形象的研究，指出了工人阶级职业代表性不足和塑造工人阶级男性负面刻板印象的持续模式。布茨断言，这些表征很好地证明"现代资本主义阶级关系的正当性"（p.575）。可以肯定的是，一些电视连续剧如《蜜月期》（The Honeymooners）、《全家福》（All in the Family）、《桑福德和儿子》（Sanford and Son）、《罗斯安家庭生活》（Roseanne）、《无耻之徒》（Shameless）、《百味超市》（Superstore）和《活在当下》（One Day at a Time）等，都以同情的方式展现工人阶级生活中的问题和冲突，一些当代好莱坞电影亦是如此。虽然有线电视和互联网的发展提供更大的多样性，但大多数表征仍然以牺牲工人阶级和穷人为代价，来维护富人的价值。尽管在描述社会阶级问题时，整个媒体环境不应过于简单化为单一的和一维的，但它仍然倾向于一种经济成功模式，这种模式建立在顽固的个人主义基础上，与关于屈服、互助和斗争的更大的社会结构或社群相脱离。

在美国，阶级通常很少得到讨论。我们经常被告知，我们生活在一个没有阶级的社会，每个人都是中产阶级。然而，"美国梦"的主流意识形态宣称，通过努力工作（和教育），任何人都可以在社会经济的阶梯上前进，实现他们的梦想和最高抱负。可以肯定的是，在美国，许多人通过教育、交叉性特权和好运气，确实可以提升自己，但并不是每个人都如此。不同阶级之间的差距和贫富之间的巨大不平等，即使不是不可能，也使许多人极难摆脱贫困，获得财富和更有特权的阶级地位。然而，正如19世纪青年小说等大众媒体所宣扬的那样，霍雷肖·阿尔杰（Horatio Alger）[1]的神话依然存在，它表明只要努力工作，任何人都可以白手起家致富。

欧洲社会传统上是以阶级为中心组织起来的，阶级的结构、制约因素和社会关系是社会上所有人都能看到且熟知的，但在美国，很难看到阶级。事实上，阶级几乎是隐形的，除非你知道去哪里找和找什么。社会阶级是高度编码的，特定的词语和图像隐含着许多概念，它们经常引发贬低穷人和工人阶级的刻板印象，以及对上层阶级至上的信仰。许多词有阶级含义，如福利、白色垃圾、拖车公园、无家可归者、乞讨者，这些词都具有负面联想。关于阶级存在诸多缺陷思维（巴伦西亚，Valencia，1997），在政治、社会和媒体话语中，底层阶级成员常常因为贫穷而被指责，因为他们在教育、教养、职业培训和自我提升的机会方面存在不足，而这些都是社会组织的产物，并非人类天性中固有或遗传的特性。当提到个人特质时，人们往往会从精英视角来贬低穷人不够努力，以及缺乏"勇气"。这种缺陷思维暗示，穷人只要更加努力并坚持不懈，就可以成为他们想成为的任何人，却忽视了社会不平等和系统性压迫结构的存在。

在英国，口音一直是阶级标志，就像在电影《窈窕淑女》中

---

1　霍雷肖·阿尔杰（Horatio Alger，1832—1899），19世纪美国作家，他创作的青少年小说往往讲述贫困男孩"白手起家"，通过努力工作成为中产阶级的故事。——译者注

那样。而在美国，一口好牙可以在图像和话语中成为阶级标志。例如，1997年12月1日的《新闻周刊》杂志，对其封面照片进行处理，让一位女性的牙看起来更好。那期封面照上是牙齿整齐的七胞胎母亲鲍比·麦考吉（Bobbi McCaughey）。同一周，《时代》杂志刊登了一张类似的照片，没有处理这位母亲的牙齿。这张照片似乎暗示了，《新闻周刊》不希望封面上有一个看起来很穷的女人，并提供了一个"正统"美国人的标准形象，巧妙地刻上了阶级的标志。

  批判性媒体素养使人意识到，媒体中的意象如何构建当代社会中的标签、等级和阶级关系。交叉性概念（克伦肖，1991）表明，阶级、性别、种族和性向如何交叉和被共同建构。例如在有关阶级的媒体叙事中，通常会有涉及性别、种族和性向的图像和主题。因此，批判种族主义、性别歧视和性向歧视现象的批判性媒体素养，也批判阶级歧视。批判性媒体素养还探讨媒体图像如何描绘某些社会阶级的正面、负面或时而模棱两可的形象和信息。例如贬低工人阶级，颂扬富人或中产阶级。然而，正如批评有偏见的阶级表征是批判性媒体素养的一个重要维度，解释和认可某些群体积极形象的媒体文本也同样重要，包括工人阶级、女性、有色人种、性别多元个体，以及其他在主流媒体中常被负面呈现的群体。正如交叉性概念所表明的那样，这些表征往往重叠交叉，从而能在课堂上予以复杂和富有成效的考查。

  2011年，占领运动（the Occupy Movement）突出了占1%和99%的人群之间的分裂，阶级分裂和不平等进入公众讨论。此外，伯尼·桑德斯（Bernie Sanders）2016年的总统竞选活动，引发一场强烈的社会运动。这场运动聚焦于贫富差距、富人间的差距和穷人间的差距，以及对巨大政治变革与行动的需求，以解决美国的阶级和其他形式的不平等。

批判性媒体素养课程可以分析媒体表征阶级的各种方式，例如，对媒体上有关绅士化是积极进步的，贫穷是消极的之类表征的质疑。批判性媒体素养可以讨论资本主义如何构建阶级，如何将社会划分为工人阶级、有产阶级和二者间庞大的中产阶级。批判性媒体素养引导我们研究一个总是为富裕阶层的利益运作的政治系统，同时批评那些不能使穷人摆脱贫困桎梏的穷人援助项目。或者，学生们可以讨论一些政治团体如何在最低限度的社会福利项目之外，不提供任何其他的帮助。

批判性媒体素养还应质疑阶级与环境、健康和社会公正之间的联系，表明生活和工作条件对穷人的影响远大于富裕群体，并将环境和阶级问题联系起来。娜奥米·克莱恩（Naomi Klein, 2014）在其专著《改变一切：资本主义与气候》中写到环境正义，将对阶级、经济、环境危机和剥削的讨论汇集在一起。简言之，批判性媒体素养教学法对权力与信息、课堂与教育之间的关系提出疑问。在资本主义社会，这需要提出能挑战社会阶级的问题，并揭开人们通常认为理所当然的经济结构的内里。

## 第五节　审视种族和种族主义

当我们探索表征政治时，需要处理媒体中的种族和种族主义问题，因为"种族一直是一个主要范畴、一种模板，贯穿美国历史中的不平等、边缘化和差异等各种模式"（奥米和怀南特，Michael Omi & Howard Winant，2015，p.viii）。种族主义在美国的历史上已经产生毁灭性的影响，并通过将对美国白人身份的认同正常化延续至今；从而使其他种族身份边缘化，沿着"颜色界线"划分国家，其形成的意识形态和结构体系利于白人而不利于有色人种。罗伯特·弗格森（1998）断言，历史视角的重要性在于，可以避免将种族视为"任意的或'自然的'"（p.78）。自从欧洲人来到北美，种族歧视通过谋杀、偷窃和种族灭绝大大削减美洲原住民，并为绑架和奴役来自世界各地，特别是非洲的人们提供正当理由。美国白人和美国经济从占领原住民土地和剥削奴隶劳动力中获得了巨大利益。

长期以来，以牺牲有色人种为代价使白人享有长期特权的做法、政策和法律，贯穿美国历史。耶鲁大学法学教授詹姆斯·惠特曼（James Whitman，2017）写道：

> 在20世纪初期，美国不仅仅是一个存在种族主义的国家。它是主要的种族主义司法管辖区，以至于连纳粹德国都以美国为灵感来源……美国，以其根深蒂固的白人至上和充满活力创新的法律文化，成为创造种族主义法律的前沿国家。

(p.138)

惠特曼记录了纳粹《纽伦堡法案》如何受到美国种族主义法律和政策的严重影响。例如：吉姆·克劳（Jim Crow）种族隔离法（投票法和法律隔离）、移民法、归化法和公民法、二等公民身份法、反异族通婚法、美国优生学运动和美国私刑审判等。

直到20世纪初，生物学和宗教始终是美国理解种族的主要术语。然而，在第一次世界大战之后，出现了一种新的理解种族的方法，这种方法注重文化和种族，并将种族视为一种社会结构。与先前认为种族是基于遗传学或不可抗力的观点相较，这种向社会学种族/族群范式的转变是一种改进。然而，族群范式对同化和文化多元化的关注，缺乏如历史、身体（视觉维度）、经济和社会结构之类的种族基本要素（奥米和怀南特，2015）。这种族群观念也倾向于将白人性普遍化，以之作为所有其他种族同化的标准。随着20世纪60年代民权运动的兴起，黑人力量（Black Power）、奇卡诺[1]力量（Chican@ Power）以及其他群体，推动了对种族和种族主义的深入理解。随着这些运动的展开，占主导地位的种族项目挪用族群方法并推动其转向右翼，到1970年代，种族/族群范式成为一种新的保守主义方式，促进了无视种族差异的霸权。正是种族和种族主义的意识形态和结构性现实的结合，创造出塑造美国

---

1 奇卡诺：Chicano，指墨西哥裔美国人，即出生于美国、祖先是墨西哥人的美国人。——译者注。

种族关系的种族项目，从而保持种族界线。迈克尔·奥米和霍华德·怀南特（2015）写道：

> 我们认为种族的形成过程是通过结构和意义间联系而发生的。在种族项目中建立起这些联系并阐明其关联的，既有意识形态，也有实际进行的"工作"。种族项目是对种族身份和意义的阐释、表征或说明，同时也是按特定种族界线组织和分配（经济、政治、文化）资源的努力。（p.125）

纵观美国电影、广播和电视历史，始终有一种对有色人种进行种族主义表征的传统，从《国家的诞生》（大卫·格里菲斯，D. W. Griffith，1914）到好莱坞类型电影，前者颂扬三K党[1]，表现黑人有害的刻板印象，后者将有色人种表现为仆从或有威胁性的罪犯（见本肖夫和格里芬，Benshoff & Griffin，2009；博格，Bogle，1989；弗雷戈索，Fregoso，1993；沙欣，Shaheen，2001）。在2018年中期选举期间，广播新闻、社交媒体和右翼宣传散布虚构说辞，称有一车队的移民正把传染病带给美国，这些移民是"罪犯和来历不明的中东人"（波尔，Berr，2018；鲁斯，Roose，2018；弗农，Vernon，2018）。一则由共和党制作的关于移民车队的广告被美国有线电视新闻网（CNN）认为种族主义色彩过于浓重而不予播出，

---

[1] 三K党（Ku Klux Klan，简称KKK），是指美国历史上三个不同时期奉行白人至上主义运动和基督教恐怖主义的民间团体，也是美国种族主义的代表性组织。——译者注

不久美国全国广播公司（NBC）和福克斯新闻（Fox News）也紧随其后，撤下了这则曾被允许播出的广告[1]。

种族表征和歧视性社会结构之间的联系，强化了批判性分析媒体信息的重要性，因为任何文本的意义从来都不是固定的或透明的。斯图亚特·霍尔（2013）解释说，意义"是一个狡猾的家伙，它随着上下文、用法和历史环境的变化而变化"（p.xxv）。他断言，意义能使我们感受到强烈的积极和消极情绪。"它们有时令我们的身份陷入疑问。我们为这些意义而斗争，是因为它们重要——而这些斗争都可能产生严重后果。意义斗争定义了什么是'正常'，谁被包含在内，据此谁被排除在外。它们深深地铭刻在权力关系中。"（p.xxv）霍尔（2013）指出：

> 自从人文和社会科学的"文化转向"以来，人们认为意义是被制造的、被建构的，而非简单地被"发现"的。因此，在所谓"社会建构主义方法"中，表征被认为进入了事物的结构之中；因此，文化被概念化为一个主要的"构成性"过程，它在塑造社会主体和历史事件时与经济"基础"或物质"基础"一样重要——而不仅仅是事后对世界的反映。（p.xxi）

在探讨种族和种族主义问题时，经由媒体表征的意义的力量尤其具备挑战性，因为如此多的主流意识形态将种族规范化为自

---

1　原书所附链接为：https://tinyurl.com/yc3j7ffk

然的和生物意义的，缺乏历史、社会、经济或政治语境。为挑战这一过程，弗格森（1998）提出"生产性忧虑"（productive unease）的概念：

> 有一种将权力关系和从属关系自然化的趋势，一直采取抹去信仰和判断力的社会根源的方式……将种族歧视的权力和从属关系自然化的过程，仍然是一种需要被削弱和清除的关键社会特征。媒体表征的去自然化，即拒绝接受日常的定义，要求人们生活在一种我称之为生产性忧虑的状态中。（P.6）

批判性媒体素养教学法可以通过揭示白人至上的意识形态和种族及生物学的错误联系，使学生质疑种族的社会结构，认识到种族歧视的痛苦现实，因此可以促进"生产性忧虑"。受《非裔媒体素养》（拜厄德，Byard，2012）中观点的启发，教育工作者可以探索历史、科学、经济和意识形态与当前媒体和流行文化中非裔美国人形象之间的联系。沙尼·拜厄德的《非裔媒体素养》引导学生质疑占支配地位的结构，这些结构几个世纪以来形成美国种族和种族主义的建构方式。这种方式以牺牲有色人种特别是非裔美国人的利益为代价，造福于欧洲白人移民及其后代。非裔媒体素养框架内的话语关键点包括：（1）以"奴隶制"作为美国种族主义的界定点做出分析；（2）认识"优生学"在种族等级制度正当化方面的作用；（3）探索"经济学"利用种族歧视谋取利益和权力的方式；（4）反对作为加剧黑人自卑、促进白人优越感工具的"肤色主义"。

在很大程度上，有关优生学和科学种族主义的历史，对多数美国学生来说仍然闻所未闻，尽管它传播了许多流行的话语和媒体信息，如《纽约时报》的畅销书《钟形曲线》[1]（赫恩斯坦和默里，Hernstein & Murray，1994）和《天生的烦恼：基因、种族与人类历史》[2]（韦德，Wade，2014），其作者是一位有30年写作经验的资深《纽约时报》科学作家（伦德尔，Rendall，2014）。关于优生学的最新批判，可以在美国公共广播公司（PBS）的一部优秀的"美国印象"纪录片中找到，该片于2018年10月16日播出，标题为《优生十字军：完美有什么错？》[3]。这部纪录片可在高中和大学课堂上成为有力的教学工具。

这类白人优越性的观念在美国主流媒体上已经出现了几个世纪，而且其中某些方面直到今天仍在继续。直到2018年，《国家地理》杂志才承认其报道助长了种族主义。该杂志主编苏珊·戈德伯格（Susan Goldberg，2018）写道，"分享杂志过去骇人听闻的故事很痛苦"，但她还是承认"我们如何呈现种族问题很重要"（p.4）。自1888年以来，《国家地理》一直在加强种族主义殖民思想，这是借助其中世界各地人民和文化的文字和图片实施的。苏珊·戈德伯格解释说，该杂志没有报道社会问题，也没有分享有

---

1 *The Bell Curve*，Hernstein & Murray, Free Press, 1994.
2 *A Troublesome Inheritance: Genes, Race and Human History*, Nicholas Wade, Penguin Press, 2014.
3 *The Eugenics Crusade: What's Wrong with Perfect?*，https://tinyurl.com/ycs9rpsq

色人种的声音，而是"将其他地方的原住民用图片展现为异国他乡人，众所周知，常常是赤裸而快乐的猎人、高贵的野蛮人等各种陈词滥调"（p.4）。1916年，一张关于澳大利亚报道的照片说明是："南澳大利亚黑人：这些野蛮人在所有人类中智力排名最低。"（p.4-6）这些不断重复的表述，有力促进了白人至上意识形态的常规化进程。当前，媒体的描述往往更微妙，但仍通过许多做法延续相同的观点。例如贴标签：穆斯林大规模枪击者是"恐怖分子"，白人大规模枪击者是"精神病"或"孤狼"；拉美移民是"罪犯"，东欧移民是"难民"；手无寸铁的非裔美国抗议者是"暴徒"，而白人武装军人则是"积极分子"，即便他们的武器对准的是执法部门（皮尔斯、杜阿拉和亚德利，Pearce，Duara & Yardley，2016）。

斯图亚特·霍尔（2003）解释说，当词语和图像通过意识形态框架勾连时，它们可以隐含各种含义。缺陷思维是一种较普遍的意识形态，它表明某些人群缺乏积极品质，例如：诚实、智慧、努力工作的承诺、提高地位的愿望、勇气。这些对缺陷的假设，促进这样一种观点，即这些人自身的错误使之处于现在的处境，这是理所应当的。纵观美国历史，各种种族化群体在不同时期都是缺陷思维的接受者，然而美州原住民和非裔美国人却不断遭受这些断言的折磨，这些断言往往导致历史创伤的经历（阿罗斯，Arrows，2013；德克鲁伊，DeGruy，2005）。

商业媒体经常通过将贫困设计成穷人过错的方式再现缺陷思维，认为这些人懒得努力工作，或没有延迟满足的能力。长期以来，美国围绕贫困的主流话语，尤其是与有色人种关联的话语，将贫困或归咎于贫困的文化、劣等的基因，或归咎于父母和家庭生活的不足（瓦伦西亚和索洛萨诺，Valencia & Solórzano，2004）。缺陷思维的意识形态被用于为不平等和不公正辩护，它指责歧视和种族主义的受害者没有获得成功的能力，将责任从压迫的体制、结构和制度上转移开来。教育工作者可以通过认识自己的偏见去审查造成不平等的社会结构，并使用基于资产的方法验证学生的经验、文化和"知识储备"，从而对抗缺陷思维（冈萨雷斯、莫尔和阿曼提，González，Moll & Amanti，2005）。

探讨过去种族的社会建构非常重要，可以更好地理解当前种族主义的表达方式，特别是在流行话语声称其如今已进步到超越种族之时。与过去相比，如今在机会、特权、歧视性行为和微歧视等方面的种族差异往往不那么明显，然而它们对个体和社会的破坏性并不亚于过去。克劳德·斯蒂尔（Claude Steel）和同事们对"刻板印象威胁"（stereotype threats）进行数十年的研究，为言语、动作和意义对人体的破坏力提供了经验证据。当人们经历暗示其边缘化的言语和行为时，刻板印象威胁就可能出现，导致焦虑、影响生理机能（出汗、高度紧张、心率加快、血压升高）并损伤认知思维能力（斯蒂尔，2010）。斯蒂尔进行过实验，参与的研究人员先是只针对部分特定被试者发表可能触发负面刻板印象的评论，然后测试所有被试者。他们发现，那些被触发负面刻板印象的被试者在测试中表现得更差。例如，黑人学生被告知测试将衡量智力，女性在参加数学测试前被提醒自己的性别，或者老年人被问及记忆力。在被提醒与身份相关的负面刻板印象特征后，所有人都在测试中表现得更糟了。刻板印象威胁现象证明了刻板印象的力量，揭示出对种族主义和更间接的微歧视进行彻底分析与挑战的重要性。

20世纪70年代，切斯特·皮尔斯（Chester Pierce）首先发现了"种族微歧视"（Racial Microaggressions），并在从法律到教育的各个学科中予以阐释。微歧视是一种微妙的，有时是非语言的、常见的交流方式，它将负面信息传达给边缘群体。微歧视的目的可以是恶意的消极表达，也可以是带着善意的动机或无意间对负面后果的积极表达。因此，教育者应该帮助学生关注影响而非意图，因为微歧视的负面影响是有害的，不管它们是有意还是无意。金允珍（Kiyun Kim, 2013）在福特汉姆大学创建的一个另类媒体项目中研究种族微歧视问题。她拍下同学拿着标语牌的照片，上面写着听到的关于他们的真实的种族微歧视，比如："你不是真正的亚洲人""为什么你的口音听起来像白人？"和"不，你'到底'来自哪里？"。这组照片在互联网上疯传，被转载无数[1]。

微歧视可能在从口头评论到省略表达，再到选择要记住的主题和人等多种方式中显现。詹姆斯·洛文（James Lowen, 1999）指出，在任何一个州，拥有纪念性历史痕迹最多的人是"内森·贝德福德·福里斯特（Nathan Bedford Forrest），田纳西州南部联盟

---

1　原书所附链接为：http://nortonism.tumblr.com/

骑兵首领（Confederate cavalry leader）和三K党创始人"（p.16）[1]。最近，在公共场所展出的南部联盟标志和雕像引发无数抗议，但超过1700座纪念碑和对南部联盟的悼念依然存在（南方贫困法律中心，Southern Poverty Law Center，2018）。对许多人来说，这些对内战的颂扬是有关奴隶制残酷历史的痛苦回忆。

美国原住民也会有类似经历，如运动队使用贬低其文化的吉祥物或称呼。自1890年以来，美国已经建立大约200座拓荒者纪念碑，大多数只有白人，偶尔在底部也会包括一位美国原住民。辛西娅·普雷斯科特（Cynthia Prescott, 2018）解释说，这些雕像"鲜明地颂扬了白人对'西部荒野'的主导看法，即从美洲印第安人的'野蛮'发展到白人的'文明'"。这些白人至上的庆祝活动继承种族主义政策、破坏相关协定并误导信息运动，引发这个国家历史上最严重的暴行。雕像和纪念碑是媒体，我们应该像对待任何其他媒体文本一样，在批判性媒体素养框架内对其展开审查，特别是关注其中信息和权力的关系。

当人们在全国旅行或在网上搜索时，决定其在书籍、媒体中找到何种信息和表征的权力，是影响思想塑造的力量，这种力量能使主导性叙事持久化。搜索引擎的快速发展，改变了人们寻找信息、判断信息可信度的方式。谷歌现在每天回应大约35亿次搜索。斯科特·加洛韦（Scott Galloway，2017）写道，"谷歌是现

---

[1] 内森·贝德福德·福里斯特（Nathan Bedford Forrest，1821—1877），美国南北战争时期田纳西州南部联盟骑兵首领（Confederate cavalry leader），具有出色的军事才能，也在战争中犯下诸多罪行。——译者注

代人的上帝。它是我们知识的源泉——永远存在，知道我们最深的秘密，让我们确认我们在哪里，需要去哪里，回答从琐碎到深刻的各种问题。没有其他机构拥有谷歌那样的可信度和可靠性"（p.5）。然而，这些搜索引擎既不是公共信息设施，也不是图书馆那样的公共空间。萨菲亚·诺布尔（Safiya Noble，2018）强调，谷歌是一家广告公司，它使用不可见的算法和网页排名搜索协议，会因利润引导种族歧视和性别歧视。诺布尔在谷歌搜索中输入"黑人女孩"这个词，想搜索其年轻侄女及其朋友取得的成绩以及他们的知识传统方面的信息，结果却淹没在泛滥的色情网站中（诺布尔，2012）。这促使她调查搜索引擎的偏见，并在2018年出版著作《压迫的算法：搜索引擎如何强化种族主义》。诺布尔断言，当大多数人将搜索引擎看作能回答任何问题的中立工具时，就存在严重的问题。因为许多决策系统被逐利的公司设计为自动化，而我们必须去质疑哪些价值得到优先考虑，是谁在承担其代价。

当思考教师在21世纪应扮演的角色时，泰洛·霍华德（Tyrone Howard，2010）声称，所有教育工作者都需要有一种能"认识到美国边缘化种族群体成员的历史、社会、政治和经济后果"（p.121）的种族意识。他指出，种族意识不仅仅是承认差异，"还包括意识到种族在美国如何呈现……种族意识还涉及对'白人性'如何渗透美国的意识形态、文化和实践中的实际了解"（p.121）。教师和教师教育工作者需要探讨这些问题，以便能勇敢地与学生进行有关种族和种族主义的对话。正如霍华德（2010）所解释的那样，"教师或教育者应该愿意将学生推进不适的空间，将对种族问题的讨论推向深度层面"（p.123）。事实上，如果教师没有做好准备，他们可能会"退回到实行'种族色盲'（colorblindness）的安全网后面，即不承认学生的种族身份"，这往往会"使有色人种学生变得不可见"，并使"白人性"成为标准（p.123）。霍华德主张，"种族色盲观点，也可能促进种族主义内化，强化种族等级制度，并促使有色人种学生发展出缺陷模式"（p.124）。

批判性媒体素养为创造"生产性忧虑"提供了一个框架，该框架是勇敢展开种族和种族主义对话所必需的。通过质疑媒体对种族和种族主义的表征，我们可以开始揭示信息和权力使一些人受益、让另一些人受损的作用方式。

## 第六节 性别和性向的问题化

从犹太基督教圣经到最新流行的电子游戏，父权制价值观仍然是当代商业媒体意识形态基础的一部分。事实上，"常识"的假设认为，男性应该掌握对女性的权力，因为他们天生就更强壮、更聪明、更优秀。这种假设并不普遍，但在世界许多地区仍是当代社会的一种主导性建构，这通常部分归因于媒体的表征和文化实践。父权制的文化主导地位，使人们对女性被期待扮演的从属角色产生种种假设，这些从属角色与男性受益的特权地位相关。批判性媒体素养质疑父权制以及对女性的统治如何得到媒体的表征进行推进或挑战。这类媒体表征往往物化女性的身体，同时忽视她们的思想。

男权制和性别歧视的意识形态和结构，与异性恋主义交织在一起。当异性恋被视为理解性向的"正常"方式时，浪漫关系仅限于电影、歌曲和广告中的男女关系。由于异性恋的浪漫和性别认同在媒体中无处不在，他们将性别多元个体和社群边缘化，同时强化异性恋是唯一选择这种假设。审视性别与性向的社会结构，同时审视媒体对建构我们概念的助力，都非常重要。批判性性别研究探讨了在父权制、异性恋社会的支配和从属关系中，媒体在社会建构男性气质、女性气质和不同性别身份认同中起到的作用。

为了着手揭示性别和性向的社会结构，网上有一些实用工具，如Genderbread Person或者Gender Unicorn。[1]其中的视觉图样说明了性别认同、性别表达、生物性别、身体/性的吸引、情感/浪漫的吸引等不同类别之间的差异。我们的目标应该超越二元对立，理解性别和性向有各种不同的方面。但这些方面往往被误解并混淆在一起，好像它们都一样。

杜蒂·钱德（Dutee Chand）是一位来自印度的短跑运动员，她在2014年因荷尔蒙水平被取消了国际比赛资格，她的故事显示出男女两性二元论的问题本质。性别验证测试在体育运动中有强迫女性（很少是男性）接受羞辱的检查，以及在染色体、激素和生理特征方面随机定规则的历史（帕达维尔，Padawer，2016）。作

---

1 原书所附链接为：Genderbread Person( https://tinyurl.com/qxw7g7u )，Gender Unicorn ( http://www.transstudent.org/gender )。

为回应，钱德给印度田径联合会写了一封信："我无法理解为什么仅仅为了作为一个女性参与，我就被要求以某种方式调整自己的身体。我出生时是一个女性，作为女性成长，我认同自己是女性，我认为应该允许我与其他女人竞争，她们中的许多人要么比我高，要么有更优越的背景，这些都无疑让她们比我更有优势。"（帕达维尔，2016）在审查了钱德案件后，体育仲裁法庭暂时中止了国际奥林匹克委员会的睾丸素政策，但体育界相关争论仍在继续。

尽管医学界对性向的讨论姗姗来迟，但最终还是于1987年将同性恋从美国精神病协会的《精神障碍诊断和统计手册》中剔除（伯顿，Burton，2015）。伯顿写道，世界卫生组织"仅在1992年发布了ICD-10[1]之后，才将同性恋从ICD分类中删除"。学生们应该探索这些观念的社会建构，以及当今媒体在强化性别刻板印象方面的作用。

最近的研究表明，男性制作人、导演、编剧和行业工作者比女性更具优势，这表明娱乐行业仍然以男性为中心。在娱乐业的各种职位、工作和角色范围中，女性都处于从属地位（亨特、拉蒙、特兰、萨尔金特和罗伊乔杜里，Hunt, Ramón, Tran, Sargent & Roychoudhury, 2018）。此外，2018年期间，性虐待的指控爆炸性增长，从口头骚扰到强奸的性虐待指控遍布各个领域，"#MeToo"运动已将其公开并正在与之展开斗争。对于包括

---

1 ICD-10：世界卫生组织制定的医学分类列表《国际疾病和相关健康问题统计分类》（International Statistical Classification of Diseases and Related Health Problems）的第十次修订版。2022年1月1日，该列表发布第十一次修订版ICD-11。——译者注

福克斯新闻前总裁罗杰·艾尔斯（Roger Ailes）、哥伦比亚广播公司（CBS）总裁莱斯·穆恩维斯（Les Moonves）、主要电影制片人哈维·韦恩斯坦（Harvey Weinstein）等、演员比尔·科斯比（Bill Cosby）等在内的脱口秀、娱乐和新闻行业众多个人所进行的恶劣性虐待的指控，已经获得了强大的媒体曝光。

只要制作信息的人大多数是男性，男权主义就会始终继续。然而，随着越来越多女性成为电影制片人、编剧、导演和演员，我们看到了媒介格局的变化。这些女性中的许多人努力为女性创造出具备权力的角色，并抵制对女性传统的刻板印象表征。这些表征将女性的叙述和形象局限于母亲、女儿、情人或从属于男性的个体。传统上，好莱坞优先给予女性作为母亲、浪漫对象或堕落"坏"女人的表征。"好女人"服从于传统角色，接受对男性的从属地位，而"坏女人"则把自己定义在传统女性角色和道德的界限之外（哈斯凯尔，Haskell，1974）。好莱坞电影、电台广播和早年的电视网，也加强了整个类型、主流电影和电视连续剧的异性恋正统主义，惯于颂扬男女间的浪漫关系、家庭以及资产阶级道德规范；那些不守规矩的人常因"不道德"而受惩罚。此外，那些被巧妙地编码为性别多元的人也常被描述为局外人，受到惩罚或嘲笑（拉索，Russo，1995）。

然而，我们应该承认，自20世纪60年代妇女运动和性解放运动以来，男性和女性在媒体表征中的角色正在转变，女性表征的方式也已变化。以前，在20世纪50年代好莱坞电影、广播和早期电视中，主要的女性类型如通俗剧和女性电影中，妇女被描绘成家中的母亲或女儿、浪漫对象，或破坏资产阶级秩序的"坏女人"（哈斯凯尔，1974）。在好莱坞喜剧片和电视连续剧《我爱露西》(*I Love Lucy*)和《布鲁克斯小姐》(*Our Miss Brooks*)中，女性也扮演喜剧角色，常以再现性别歧视的方式沦为笑料。然而，今天电影和电视节目刻画了女性在政府、行业和权力职位中扮演的各种角色，同时也呈现出各种各样的个性和性向。

在过去十年里，通过增加更多不同的角色，漫画和电影中的超级英雄类型一直在挑战以前对种族、性别和性向的刻板印象，比如黑人"美国队长"、《马维尔女士》的巴基斯坦裔穆斯林美国英雄以及《蝙蝠侠女孩》《X战警》里的一些角色设置。柯蒂斯和卡多（Curtis & Cardo，2018）将这些变化归因于如今有更多女性创作漫画，同时，"部分原因是第三波女权主义以交叉性和多元化为中心"（p.282）。过去十年里，漫威和DC漫画分别增加了十几个新的女性角色（柯蒂斯和卡多，2018）。

根据《2017—2018年度电视节目中的多元性别角色年度报告》，多元性别角色的表征已得到改善。尽管其数量有所增加，但仍然很少，只有6.4%的普通角色被认定为多元性别，而在18—34岁的美国人中，有20%被认定为多元性别（GLAAD媒体研究所，2018）。更进一步地，媒体文化的主导形式参与了对女性的物化，正如让·基尔伯恩（Jean Kilbourne）在其对广告的研究中所指出的那样，广告显示出女性在很大程度上被构建为母亲、消费者或性对象。事实上，媒体文化一开始就将女性建构为性对象，而女性则受到媒体文化主导形式的怂恿，将自己呈现为诱人、性感、衣着光鲜的虚构欲望对象。此外，女性在媒体叙事中被边缘化，其特点是男性主导女性，或是通过警察、侦探、军人、医生、律师以及其他那些男性文化主导的职业类型去探索男性亚文化。为揭露女性的边缘化，艾莉森·贝克德尔（Alison Bechdel）设计了"贝克德尔测试"（Bechdel Test）[1]，这是"一种对小说中女性形象的评价方法"，它询问一部作品中是否至少有两个女人谈到了男人以外的事情。让学生使用"贝克德尔测验"来检阅电影中的性别表征作为练习，可以阐明媒体建构女性形象时常常存在问题。

反过来，媒体将男人塑造成必须引诱、征服并最终占有女性的主体，这样他们才能成为合格的男性。具有侵略性、坚韧的男性气质，以及杰克逊·卡茨（Jackson Katz，2006）所描述的"有毒男性气概"（toxic masculinity），已经成为覆盖各类男性的标准。体育和军事是建构和表现有毒男性气概的常见领域。竞技职业运动队通常以军事模式组织，目的是"摧毁"对手。直到最近才有研究表明，像橄榄球这种竞技身体接触的运动对儿童和运动员的危险。此外，男性被文化习俗培养为体育迷，媒体展示了大量的体育赛事，使男性和女性观众在社交化过程中认同竞争、个人成功和战胜其他社会群体的价值观。事实上，自20世纪90年代有线电视兴起以来，已经出现了专门的体育频道，观众可以一周7天、一天24小时观看体育赛事。

另一方面，体育可以教授积极价值观，如团队合作、公平竞

---

[1] 原书所附链接为："贝克德尔测试"（https://en.wikipedia.org/wiki/Bechdel_test）。

争、协作以及个体服从群体。体育为有色人种和工人阶级提供了获得高等教育、高薪职业和其他积极价值观的机会。体育运动也成为一个有利于抵抗的领域，比如在20世纪40年代和50年代，棒球明星运动员抗议种族主义和种族隔离；1968年奥运会上，黑人运动员以"黑人民权敬礼"（Black power salute）[1]，抗议了长期以来持续的种族主义以及对非洲裔美国人领袖的谋杀；在特朗普执政期间，橄榄球运动员在奏国歌时单膝跪地，抗议警察对有色人种日益增长的暴力行为，而其他职业球队则拒绝白宫的邀请，以抗议唐纳德·特朗普的种族主义言论和政策。

　　媒体、通俗文学和传统的男性社会化，也通过将枪支文化与"做个男人"的身份认同相联系，建构一种有毒男性气概。许多校园枪击案和其他的大规模枪击案都有一个共同点，即年轻男性枪手表现出男性愤怒，并试图通过暴力解决男性气概危机（凯尔纳，2008）。"男性气概危机"是指男性气概和成为硬汉之间的一种主导性社会联系，想一想卡茨（2006）所描述的"强硬的伪装"（tough guise），即在一个咄咄逼人的自信面具或虚假外表下，掩盖着内里的脆弱。危机爆发于暴力和社会谋杀之中，这时超级愤怒的男性以极端暴力的形式发泄着他们的怒火。这些形式包括政治暗杀、连环和大规模谋杀，学校、教堂、清真寺、寺庙和工作场

---

[1] 1968年10月16日，在墨西哥城奥林匹克体育场举行的颁奖典礼上，两名非裔美国运动员汤米·史密斯（Tommie Smith）和约翰·卡洛斯（John Carlos）在奏美国国歌时，各自举起了戴着黑手套的拳头，直到国歌结束。这次示威被称为现代奥运会历史上最公开的政治声明之一。——译者注

所枪击案，以及其他形式的社会暴力。实施校园枪击和枪支暴力的年轻男性呈现为枪支或武器拜物教，他们参与大规模枪击事件，精心将之策划为媒体奇观。在美国之类的国家，男性愤怒和危机、心理健康问题、媒体耸人听闻的说辞、对枪支的痴迷以及宽松的持枪法结合在一起，导致了困扰我们时代的校园枪击案和大规模枪支暴力事件。

此外，社交媒体通过速度、匿名性、将社会去实体化，以及被称为"男半球"的新男权激进分子在线社区，促进了有毒男性气概的传播。黛比·金（Debbie Ging，2017）指出，"男半球"助长了强烈的厌女症，这一厌女症与在线骚扰、强奸威胁、死亡威胁，甚至俄勒冈州和伊斯拉维斯塔岛的大规模枪击案相联系。金写道，"男半球"是一个社群集合，其哲学来源于电影《黑客帝国》（1999）中的角色尼奥决定服用红色药丸的场景。金解释说，"旨在唤起男性对女权主义的厌恶并洗脑的红药丸哲学，是团结所有这些社群的关键概念"（p.3）。唐娜·扎克伯格（Donna Zuckerberg，2018）认同这一说法，她认为社交媒体正在加剧对女性的厌恶。她提出，许多男性在社交媒体上挪用古希腊和古罗马的哲学、文学和象征手法鼓吹厌女思想，而这些都存在于女性几乎没有权利的时代。扎克伯格指出，这些男性用"古代文学来代表他们所希望居住的激励人心的理想世界。他们抹去了过去2000年来的大部分社会进步，并理想化了古代模式"（伊克巴尔，Iqbal，2018）。"男半球"极度厌恶女性，在互联网散布暴力的花言巧语，并鼓动了一场让愤怒白人男性把自己视为压迫受害者的运动。这种男性受害者意识和暴力的男性文化，通过象征性的和身体的行为导向了对女性的暴力。

语言可以成为一种安置受众，使之以某种方式阅读思考的强大工具。关于男性对女性暴力行为的新闻报道（通常被冷漠地称为"家庭暴力"），往往以一种被动的声音呈现，例如哥伦比亚广播公司迈阿密分公司的头条新闻："迈阿密戴德的警官最终被捕于妻子住院之后。"（泰斯特，Tester，2017）被动语态的使用，使犯罪主体与罪行责任人脱离关系，就好像妻子刚住进医院，丈夫恰好被捕一样。劳雷德尔（Lauredhel，2007）写道，"这种对主体看似无辜的少许伪装，会产生真实后果。如果你看不见它，你就无法反抗它，也不能责怪它。施暴者被隐藏起来。罪犯被踢出框架之外"。用主动语态是"男人强奸了女人"，用被动语态是"女人被强奸了"。由于人们通过语言将受害者标记为"被强奸的女人"，这一终极反转使男人完全脱离画面。被动语态的使用也可以出现在对美国不利的报道中，例如在《纽约时报》的案例中，其初始标题描述了美国轰炸阿富汗一家医院的事件，"空袭击中阿富汗医院，造成至少9人死亡"（诺顿，Norton，2015）。在"公正"组织（FAIR）[1]一篇题为《媒体可以告诉读者谁杀了谁——当他们想这么

---

[1] FAIR全称为Fairness & Accuracy In Reporting，是美国一家致力于媒体批评和监督的非营利性组织，成立于1986年，总部位于纽约。FAIR主要通过研究和分析主流媒体的报道，揭示偏见，倡导公正和准确的新闻报道。——译者注

做的时候》的文章中，诺雷卡斯（Naureckas，2018）给出以被动和主动语态分析主要新闻媒体标题的示例。在让学生上网搜索自己的案例之前，这些都是可与学生分享的绝佳案例。

回到我们对美国媒体文化中女性表征的讨论，我们应该注意到，并非所有媒体文化都有性别歧视，也有一些例外，没有将女性视为男性从属。好莱坞以其顶级女星而闻名，如贝蒂·戴维斯（Bette Davis）、琼·克劳福德（Joan Crawford）、简·方达（Jane Fonda）或詹妮弗·劳伦斯（Jennifer Lawrence）饰演的女强人。此外，有时男性对女性的有害行为也会被描绘成攻击性的和性别歧视。在流行娱乐中也有敏感、非大男子气概的男性形象，如马龙·白兰度（Marlon Brando）、詹姆斯·迪恩（James Dean）、保罗·纽曼（Paul Newman）以及乔治·克鲁尼（George Clooney）或布拉德·皮特（Brad Pitt）的部分作品。尽管硬汉气概是好莱坞传统的男性理想，但早期电视节目中，一些男性被表征为家族领袖（如《老爸最清楚》，*Father Knows Best*），以及医生、律师、警察或士兵等职业形象，这就将男性置入主流社会角色和职业身份中，从而维护和再现现有的社会结构。

我们必须承认，自20世纪60年代出现女性解放运动、性解放运动、男性运动之后，在美国社会先进阶层中发生涉及性别、种族和阶级关系平等的价值观革命之后，性别和性向的表征也产生许多变化。在社会和媒体中，反对种族歧视、性别歧视、性向歧视和其他形式偏见的运动一直存在。这些运动呼吁对媒体中的女性、有色人种和另类性向进行更有感染力的表现，同时批评性别歧视、种族歧视等其他令人反感的表征。

因此，从20世纪60年代至今，好莱坞电影、电视网、漫画和其他形式的媒体文化成为一个有争议的领域，许多媒体文本呈现出性别歧视、种族歧视、性向歧视等其他令人反感的表征，而一些媒体制作人和创作者开始呈现更强大的女性形象、有色人种、另类性向者。在这种背景下，非常重要的是，学生和公民必须质疑和抗议那些产生并再现各式歧视和压迫的媒体表征和叙事。

# 第三章
## 理论融入实践

批判性媒体素养的理论基础为教育提供了一个框架和路线图,使教育具有批判的赋权能力、与发展相适应并能对文化做出响应。对教育工作者而言,有许多方法可以将批判性媒体素养融入他们所教授的任何学科领域。小学生可以比较和对照寓言和童话故事的不同版本,对书籍、漫画、电影、网站、歌曲或电子游戏中对性别和种族的描述提出疑问。然后,他们可以采取连环画、模因、播客、数码故事或照片形式,合作创作媒体内容,给予同一个故事不同视角或结局。年长的学生可以通过分析电影来学习制作技巧,也可以质疑通过角色、概念和地点来传达意识形态的方式。然后,他们可以创建自己的文本,如广告、博客、动画、杂志、电影预告片、书籍或社交媒体,从不同角度重新讲述某个故事,或调整故事用途，并挑战霸权叙事。创造不同类型文本的可能性为学生提供了一种潜力，使他们比单纯使用印刷品时更具创造性、表现力和批判性。这些课程包含了共核标准所需的从幼儿园开始的许多基本技能，通过比较同一故事的不同版本，学生可以着手理解信息的构建本质。批判性媒体素养带来许多益处，包括提高批判性思维、学术参与、文化关联甚至同理心。

东洛杉矶的一名中学教师发现，在向八年级学生讲授批判性媒体素养内容单元后，学生不仅培养起更好地理解不同观点的能力，同理心水平也得到提高（尼克尔·莫纳雷兹，Nikole Monarrez，2017）。莫纳雷兹注意到，她的学生彼此表达感情的方式发生了变化。她解释说，"现在他们会在根据自己的已有经验得出结论之前，考虑某种情况可能对其他人产生怎样的影响"（p.45）。这个概念现在比以往任何时候都更重要，因为雪莉·特克尔（Sherry Turkle，2015）提出，社交媒体使用的增加似乎导致同理心水平的下降。特克尔说，研究发现"大学生的同理心指标下降了40%，其中大幅度下降是在过去十年内。研究人员认为，这个趋势与新兴的数字传播有关"（p.21）。无论原因是社交媒体还是其他因素，同理心能力的下降都备受关注，且具备紧迫性。批判性媒体素养对社会和环境正义问题的关注，直接将教育与关心他者联系起来。

虽然媒体教育在高年级和英语课中更常见，但我们现在知道，任何年龄段的学生都可以而且应该尽可能早地在所有科目中融入这些理念。维维安·瓦斯奎兹（Vivian Vasquez，2014）论证了教育学龄前儿童批判性地思考媒体，创作播客、歌曲和设计请愿书的潜力。随着幼儿学习阅读视觉图像，观看和聆听故事以及解读声音，他们可以开始运用批判性的媒体素养技能，去质疑所有信息和娱乐的目的、受众和结构。应当鼓励他们提出批判性的问题，所使用的语言要符合他们的理解水平和文化经验。虽然我们不应该期望幼儿理解高层次的抽象概念，但我们应期望他们在其所使用的文本中斟酌对与错的差异。在南洛杉矶的一个幼儿园教室里，五岁学生学会了与自然共情，然后决定制作自己的海报，教导学校的其他学生如何保护环境（图切兹-奥尔特加，Túchez-Ortega，2017）。素养是一种强有力的工具，当学生们为了真正的目的使用它，并与真实的受众交流时，他们对言语和世界进行阅读和书写的能力就会更强。

## 第一节　图像文化中的教与学

教授学生批判性地阅读视觉图像的技能，可以成为吸引幼儿、英语学习者和任何在印刷媒体主导的课程中挣扎的学生的极佳起点。孩子们还没来得及开口说话，就被视觉图像包围，随着年龄增长，这些视觉图像变得越来越普遍。无所不在的视觉表征，呼唤教育工作者帮助学生从视觉上思考美学、设计和表征政治。

通过将摄影作为一种教学手段，学生可以深化分析技能，增强媒体制作能力。摄影图像所传达的力量是其他媒介无法比拟的。利维斯·哈因斯（Lewis Hines）拍摄的儿童在工厂里劳作的照片，促成了美国第一部童工法。2018年，哭泣的孩子被美国移民官员从父母身边带走的照片，引发公众和美国两党政客的愤怒。照片促成战争的开始和结束，把有些人送进监狱，激起政治异议，甚至像丘比特的箭一样，唤醒人们坠入爱河。据说照片能胜过千言万语，因为它间接传递给我们对一个凝固瞬间的体验；它使我们能看到和感受到我们触摸不到的世界，让我们不说一个字，就能表达内心深处的感受。

> 照片的冲击力比文字更迅速、更简洁，这种冲击力是瞬间的、发自内心的、情感强烈的。它们大体上都具有图像的力量，这些图像总是对人类的思想和心灵造成巨大破坏，并且还具有显而易见的准确性所带来的额外力量。（戈德伯格，1991，p.7）

这种对准确性的假设，与实证主义关于单一客观现实的观念相结合，导致许多人认为照片是无可争辩的证据；它们被允许作为法庭证据，并被科学家用以记录数据。巴特（Barthes，1981）指出，"从现象学观点看，在照片中，本真的力量超越了表征的力量"（p.89）。对全世界的人们来说，照片是一份文件，在传达真相和现实的同时也保存历史。

虽然摄影可以是记录现实、记载我们现在和过去的重要手段，但它也是一种可能产生误导和被误用的手段。早在19世纪50年代，路易斯·阿加西（Louis Agassiz）和其他优生学家就开始用摄影来证明他们关于非欧洲人的种族劣等理论。班塔和欣斯利（Banta & Hinsley，1986）的报告称，在20世纪30年代，类似种族主义思想得到了哈佛大学人类学家恩斯特·胡顿（Earnest A. Hooton）的推动。胡顿声称，他拍摄的人类头骨照片"为我们形态学类型的有效性提供了最终证据"（p.65）。如今，主流媒体上大量照片都在美化白人，边缘化有色人种，延续着错误的种族表征传统。在几乎所有的广告和杂志封面上，对Photoshop和数字处理的滥用，促成了以欧洲为中心，刻意追求瘦削且难以企及的流行的审美观（基尔伯恩，2010）。

苏珊·桑塔格（Susan Sontag，1990）断言，"尽管我们有种感觉是相机确实捕捉到现实，而不仅仅是解释现实，但照片和绘画一样，也是对世界的诠释"（pp.6-7）。照片，无论看起来多么逼真，都是一种主观描述。这种描述由摄影师对拍摄对象、内容的选择，以及拍摄方式、时间、地点和拍摄原因等背景来决定（卡佩洛和霍林斯沃思，Cappello & Hollingsworth，2008；沙尔，2003）。最终呈现在任何照片框架中的内容，从来都不是中性的，因为它是由主观的人所选择和构建的。虽然摄影通常看起来是客观的，并且被赋予讲故事的巨大权威，但它仍然只是一种人类的工具，其他媒介传播所有的限制和弱点都对其产生制约。正是摄影被赋予的可信性力量，使相机成为一种应用和批判的特别重要的工具。

## 第二节　今天人人都是摄影师

多年来，相机主要由专业摄影师、视觉艺术家和摄影爱好者掌握；然而现在，随着嵌入电脑、平板和手机中的微型相机的普及，似乎每个人都成了摄影师。新的Web2.0应用程序和更小更快的硬件使摄影如此普遍，数百万人每天都在创建、分享和观看照片。Facebook、Instagram、Snapchat、Imgur、Flickr和Pinterest都是流行的社交媒体，它们充分利用摄影的力量，以及全球共享图像的技术优势。根据皮尤研究中心对成人互联网用户的调查，"照片和视频已成为在线社交体验的组成部分……超过一半的互联网用户在网上发布分享照片或视频"（杜根，Duggan，2013）。一项针对马萨诸塞州青少年手机拥有比例的调查显示：三年级学生为18%—20%，四年级学生为25%—26%，五年级学生为39%，中学生为83%—84%（英格兰德，Englander，2011，p.3）。

如今的教育工作者会得益于数码相机，它的成本低于看电影，也低于大多数学生带进教室的常被禁止使用的有摄像头的手机。一旦你有了数码相机，其他一切基本上都是免费的，你想拍多少张照片就拍多少张。对教育工作者来说，这使摄影成为课堂的一种选择，即使是经济最拮据的学校也能负担得起。成本不再令人望而却步，复杂程度也有所简化，大多数相机对用户非常友好。然而，人们不再需要拍照的技术技能，并不意味着不需要理解批判性阅读和创造图像的视觉读写技能。在21世纪，一部分关于素养的要求，是能够读写图像、声音、多媒体以及许多其他的"多元素养"（新伦敦小组[1]，1996）。

正是摄影的独特力量和全新的易用性、低成本以及无障碍性，使相机成为教学的实用工具，可以用它教学并教授关于它的内容。温迪·埃瓦尔德（Wendy Ewald）多年来一直致力于儿童和照相机研究，她提出一种可能性，即通过摄影将艺术与教育相联系。埃瓦尔德（2012）解释说，"摄影的某些形式元素，如构图、视角、时间、符号使用和细节观察……在写作中有相似之处"（p.2）。自20世纪60年代以来，Foxfire[2]的人一直在教室外用相机记录阿巴拉契亚地区，并创作自己的出版物，其中一些成为《纽约时报》的畅销书（威金顿，Wigginton，1991）。这些高中生使用相机和录音机来进行挑战，以应对那种把他们的家人和朋友当做无知乡巴佬，"应该被忽视的人"的负面刻板印象。学生们拍照并写下故事，记录丰富的文化和他们的财富（威金顿，1972，p.13）。

相机对新闻课或摄影课而言并不新鲜，但在小学和中学科学、数学、历史和英语课堂上，相机要少见得多。随着技术变化，越来越多的学生带着可以记录静态和动态图像的手机进入教室，学

---

[1] 1994年9月，英国的诺曼·费尔克洛夫（Norman Fairclough）、冈瑟·克雷斯（Gunther Kress），美国的詹姆斯·基伊（James Gee）和澳大利亚的玛丽·卡兰齐斯（Mary Kalantzis）等11名语言学家组成"新伦敦小组"（New London Group）。该小组于2000年提出的多元素养（multiliteracy），是指有能力阅读接触到的所有媒体和模态的信息，并能据此逐步产生新的信息。——译者注

[2] Foxfire最初是由佐治亚州东北部的一所学校（Rabun Gap-Nacoochee School）的师生于1966年创办的一本杂志，主要报道关于阿巴拉契亚（Appalachia）拓荒时代的故事及该地区蓬勃发展的历史。Foxfire杂志引起了全球对阿巴拉契亚南部民俗和手工艺的兴趣，后来汇集成系列图书。——译者注

校有了前所未有的机会将摄影融入教学（卡佩洛，2011；库伯，Kolb，2008；席勒和蒂利特，Schiller & Tillett，2004）。这些新的机会也要求教育工作者拥抱不同的教学方式，使学习更加以学生为中心，以项目为基础，具有协作性、多模态和批判性。卡佩洛和霍林斯沃思（2008）指出，"摄影的最佳用途，是理解现实是被感知或被建构的"（p.444）。光靠相机教学是不够的，批判性媒体素养还需要教授有关摄影工具和媒介的知识技能。当教育者把媒介教育和摄影结合起来时，即使是幼儿，学习的潜力也会显现出来。席勒和蒂利特（2004）报告了他们在幼儿园使用相机的经验：

> 数码摄影为儿童提供了一个机会，让他们可以通过成人和大一些的孩子重视的媒介，来表达他们对"重要事物"的看法。学校年长学生的积极回应和幼儿园家长对孩子照片"专业"外观的热情评价证明了这一点。（p.413）

数码相机可以将学生从被动的信息接受者，转变为主动的摄影师和（或）自己图片的主体，共同建构知识并表达自己的想法。

学英语的人可以通过互相拍照积极创建自己的Flash闪卡，学习形容词（同义词和反义词）、不规则动词和介词。这些学生可能会面对许多方面的挑战，需要目标明确地学习，而以英语为母语的人则是通过从周围反复听到并使用英语而学会的（克拉申，Krashen，1992）。由于不常处于英语环境中，英语学习者在学习不规则动词、名词、介词以及大量新形容词和副词方面，面临相当大的困难（吉本斯，Gibbons，2009）。在学习第二语言的同时又试图学习不同主题的内容，可能难以承受。帕特·巴雷特·德拉根（Pat Barrett Dragan，2008）以30多年的小学教学经历写道，对英语学习者而言，摄影：

> 给他们一种力量感和对设备的控制感，这有助于弥补他们因不会说英语而缺乏控制的感觉。摄影为我的英语学生提供了一种额外的语言，是他们表达自我、展示知识的另一种方式。（p.41）

苏珊·布里奇（Susan Britsch，2010）报告称，虽然很少有关于年轻的英语学习者使用摄影的研究，但重要的是要认识到"语言并不是作为一种孤立的交流方式发展的。它与视觉意象具备原始的关系"（p.171）。所有学生都可以用相机记录他们的校外生活，同时也可以构建他们在学校学到的学术词汇和思想的意义。

在洛杉矶市中心的一个四年级教室里，学生们学习了如何用摄影来展示他们的词汇量（沙尔，2015a）。首先，他们拍了一些照片，展示课本中遇到的单词。活动开始于课堂讨论，讨论单词的含义，以及用图片展示单词的不同方式。学生摄影师必须告诉同学在哪里以及如何摆姿势，这样照片才能传达出这一单词的含义。他们分析报纸和杂志上的照片，并集思广益地列出摄影师用来传达情感和想法的一系列技巧，如拍摄角度、构图和灯光。几周后，学生们开始热情高涨地将自己收集的单词带入教室。这引发了一系列活动，在其中，无论谁带来一个新词，都可以拍摄对这个词进行说明的图片，或出现在图片中。出于这种热情，学生们每天早上花5—10分钟来讲解单词，并收集了大量新单词。这些数字图像被导入一个PPT文件，成为一个同义词/反义词闪卡游戏。学生在照片中写下句子或故事，打印PPT讲义，每一位学生都将这些PPT折叠成口袋书。一些PPT讲义印在彩纸上，经过层压并切割成受欢迎的交换卡。这些个性化单词卡和小册子在学生和家人中很流行，同时也成为对提高学生词汇量和识字能力非常有用的教材。利用摄影来学习不同主题的内容，扩展了对素养的理解，并为使用批判性媒体素养框架批判性地分析视觉文本提供了机会。

珍妮弗·帕尼达（Jennifer Pineda, 2014）是一名在低收入社区教室工作的一年级教师，她记录了自己通过摄影来提高一年级学生写作能力的好处。在将摄影引入课堂之前，她的学生们都为写作犯难，认为写作既困难又枯燥。当她告诉学生们要拍照时，帕尼达说："欢呼声充满整个房间！"帕尼达让学生用iPad拍摄他们想拍的任何东西。她解释说，学生们拍照不需要任何帮助，他们喜欢这个过程。他们的照片成为写作动力，每个学生都根据他们从家里拍摄或带来的照片写故事。

帕尼达鼓励学生们合作拍照，讨论他们的照片，然后写照片的内容。通过引导学生交流，孩子们可以互相帮助拍照，并通过写作交谈。帕尼达报告说，"对于如何通过写作而不是简单讲述来展示故事，我的学生有了更清晰的理解"。帕尼达学生的最优秀作品，来自那些对家庭照片进行书写的学生。帕尼达解释说："正是这些学生写出了最详细的故事。这些学生似乎与正在用的照片有很强的关联,因为他们对照片拍摄时的经历有生动的记忆。"这对于激励写作而言是强有力的方式,同时也使学生的"知识储备"发生效用,因为他们为分享自己课堂之外的生活感到自豪(冈萨雷斯、莫尔和阿曼提,2005)。

拍照不仅让写作有趣和充满动力。帕尼达说:"使用自己拍摄的照片,使他们写作每张照片背后故事的过程都变得很重要。他们真正投入写作,因为拍摄和用于写作的每一张照片都包含一种不同的体验。"在其他的小学课堂上,老师们把相机交给学生作为写作过程的一部分,卡佩洛和霍林斯沃思(2008)发现,"照片既是过程也是产品。照片和摄影为写作提供激励,扩展原始文本(草稿)的含义,并鼓励复杂的思考"(p.448)。这些作者认为,"跨媒体,即从一个符号系统到另一符号系统的意义解释过程,是对课堂摄影所具备的可能性进行理解的中心"(p.444)。当学生在不同交流系统之间移动时,无论是口头语言、印刷文字还是视觉图像,他们都会发现符号系统之间的联系和差异,从而扩大和扩展意义。这些照片并没有取代印刷媒体素养——而是强化了多重的素养过程。跨媒介转换是批判性媒体素养的一个重要方面,因为它帮助学生考虑媒介而不仅仅是信息。当学生分析各种方式时,同样的信息可以使受众展开基于传播媒介的不同思考,他们对信息以及媒介都有深入洞察。这就将"使用"媒体教学提升为"关于"媒体的教学。

摄影是探索许多视觉素养概念的绝佳媒介,也是课堂教学的有力工具。学生可以使用手机或平板电脑制作照片，用以说明任何主题的生词。在语言艺术方面，学生可以互相拍两张照片。在一张照片中，努力让朋友看起来像主角，另一张照片中，将同一个学生表现为配角。这可以帮助学生思考角色的发展，同时也额外学习视觉素养。学生还可以使用相机研究教室外的环境，并考虑基于地点的写作的细节和美学，以及人类与自然世界之间的关系（比奇、沙尔和韦布，Beach, Share & Webb, 2017）。这也能够提供一个富有洞察力的机会，人们可以用来反思代表他人以及被他人代表所涉及的权力。对有色人种学生来说，这可能是一个机会，去质疑和挑战主流媒体惯用的描绘他们的方式。对白人学生来说，批评媒体对"他者"的表征可以成为勇敢地切入有关白人至上、种族主义和刻板印象对话的契机（辛格尔顿和林顿，Singleton & Linton, 2006）。

### 第三节　听觉素养

为帮助学生理解声音、音乐、对话和叙述的影响和潜力，他们可以通过探索声音、单词甚至句子传达不同含义的方式来分析音频工程，含义根据创造音频、发音和听到的语境形成。对话、叙述、音乐和音效都有规则和惯例，这些规则惯例塑造了观众听觉、思维和感觉的内容和方式。在口语中，抑扬顿挫的声调和语音对词义的影响，有时超过字面意义。电影里的文字、声音和音乐要么是剧情性的（当声源可见或被假定存在时），要么是非剧情性的[1]，这种区别为观众理解电影提供引导。这些是学生进行音频文本分析的重要因素，也是学生在公共演讲和创作自己录音时应当学习的宝贵技能（桑伯格，Shamburg，2009）。

学生们可以学习和实验音画法，即用音乐唤起思想、情感和画面的方式。音乐的一些基本元素包括：

- 力度：响度和柔和度（音量）。
- 音色：每种乐器都有自己的音色。
- 音高：音乐中音符的高低。
- 休止：思考的时间，回声消失的时间。
- 速度：音乐的速度，无论快还是慢。
- 织体：层次或声音的数量（厚和薄）。
- 时值：每个声音的长度（长和短）。
- 节奏：节拍间声音的分配。

在大多数多媒体作品中，一个常有但不可见的因素是音效使用。很少有视频游戏、电视节目、卡通片或电影是在没有拟音师加入声音的情况下创作出来的。当学生在阅读书籍或讲故事的过程中制作自己的音效时，他们在多个层面上创造性地与文本互动，从而激发他们的智力、社交能力和情感智慧。通过合作，学生可

---

[1] 电影中剧情性（diegetic）音乐是动作的一部分，角色可以听到，而不仅仅是让观众听到，所以其声源是能看到的或者假定在电影中存在的。非剧情性（non-diegetic）音乐只有观众能听到，角色听不到。——译者注

以创建播客，让自己的声音被听到，并提供反向故事挑战主流叙事，包括种族、阶级、性别、性向或任何他们认为受到错误表达或未被充分表达的主题（贝尔，2010）。创建播客既简单又便宜；大多数手机都有语音备忘功能，可以将任何声音数字化。去除视觉元素是一种有用的策略，可以帮助学生专注于听觉模态，一次体验一种传播媒介。通过让学生从视觉或印刷媒介上获取内容并将其转化为播客，他们将了解不同媒体的优势和局限。人们写过有关第一次总统电视辩论的很多文章。在1960年的肯尼迪和尼克松的辩论中，电视观众和广播听众，分别对两名候选人作出了完全不同的评价（伯特洛，Botelho，2016）。同样，通过让学生在各种媒体上创造可比较的信息，学生可以分析媒介在定位受众过程中的作用。

### 第四节 多模态素养

54 电视、电影和电子游戏已经让年轻人习惯了用声音图像讲述故事，因此，将讲故事的多种方式结合，可以使这个过程更有意义。当结合听觉和视觉文本创建多媒体故事时，可以从故事板（storyboard）开始，用简单草图来配合书面文本。故事板旨在助力写作过程，帮学生伴随对话和叙述安排视觉和听觉元素。其中的考虑也包括编辑、计划如何将图像和声音混合、剪辑、过渡和互动。电影的节奏和顺序，会影响影像和声音对观众产生作用的方式。

制作数字故事的工具和策略有很多，可以简单到将绘画与叙述结合起来，也可以更复杂地使用电影制作程序，让学生能专业地编辑视频。手机上新推出的APP支持学生创建定格动画、编辑音乐和视频并制作自己的电影。有必要为每种需要找到合适的工具，但工具只是学习如何讲故事这项最重要工作的一种手段（奥勒，Ohler，2008）。随着这些工具变得更容易获取和使用，学生们可以创建任何主题的多媒体演示文稿，以展示他们的理解，并挑战主导神话以及媒体话语的遗漏。

批判性媒体素养的理论和教学方法，可以而且应该用于所有年级和所有班级。以下只是几个例子：学习数学的学生可以通过图表和统计，来分析数字是如何被用以支持或破坏问题的，从而证明所有媒体、数字、单词、图像或声音都是一种社会建构（概念性理解1：社会建构主义）。英语教师经常让学生尝试说服性写作，这很容易引向分析并创制广告。学习单词和语言的力量适用于每一种传播媒介，通常有不同的规范和惯例（概念性理解2：语言/符号学）。音乐教学提供机会去探索运用电影声音讲故事，以及借助抗议性歌曲激励社会运动的方式。通过比较音乐的不同文化背景，学生可以根据自己的经验、信仰和文化，深入了解听众进行意义协商的方式（概念性理解3：受众/立场）。历史教师在帮助学生理解不同观点、多重解释以及谁拥有讲故事的权力方面，发挥着重要作用（概念性理解4：表征政治）。体育课是揭示体育运动中性别表征的不平等现象的绝佳机会。由于男性体育获得了更多媒体报道和经济支持，学生们可以调查产生差异的经济动机

（概念性理解5：生产/机构）。科学课学生可以分析科学概念的表述方式，并质疑谁最有可能从科学中受益或处于不利地位。历史上，科学一直被用来支持社会主流叙事，常常影响人们相信自己不理解的事物，仅仅是因为他们信赖科学的"推定客观性"（概念性理解6：社会和环境正义）。

通过解构社交媒体、新闻、电影和广告，学生可以质疑科学、数学、历史和各种语言是如何被用来支持观点、架构议题或推销产品的。重要的是，学生不仅要阅读、观看和收听媒体，还应使用和创造媒体。因此，学生应该去实践制作真实信息，并识别误导性数据，从而成为发现问题性陈述、误导性信息和真正"假新闻"的专家。随着技术的不断发展，操纵的可能性增加，比如那些看起来像是真人在说或做他们从未做过或说过之事的"深度伪造"视频。色情业已利用这项技术制作出名人性爱的假电影，比利时某个政党已经使用过一段深度伪造视频。这种技术的一个例子可以在BuzzFeed视频中看到[1]，视频中，演员乔丹·皮尔（Jordan Peele）在为看似奥巴马侮辱特朗普总统的影像配音（施瓦兹，Schwartz，2018）。

信息传播技术为进步的教育工作者提供新机遇，使他们能振兴教育，为青年人赋权，让他们能讲自己的故事，质疑主导意识形态，挑战压迫性的制度和结构，并创造更具社会和环境正义的另类媒体。批判性媒体素养提供了一个框架，以扩展素养的概念，

---

[1] 原书所附链接为：https://tinyurl.com/ya8qev46

使之对所有类型的文本都更具广泛包容性，增加了对文字、图像和声音在表述社会和环境正义方面的权力进行质疑的可能性。当学生学会用图像、声音、多媒体和印刷品进行批判性阅读和写作时，他们会深化自己的批判性思维能力，发展成为负责任和有能力的全球公民。批判地理解媒体文本的挑战，以及创造和传播可替代信息的能力，是批判性媒体素养的实质所在。

### 第五节 数字与网络媒体的动态

21世纪的素养技能要求人们对素养有新认识，因为当前的人们参与的是"多元素养"（新伦敦小组，1996），即阅读和创作照片、音乐、电影、广告、社交媒体、流行文化以及印刷书本和杂志。随着手机和新型移动设备普及，年轻人每天都以多种方式进行交流，例如：写博客、发即时消息、摄影、发Pin图、贴标签、发短信、写推文、录播客和录视频。媒体公司和新媒体平台的融合，以及技术的指数级增长，正将社会和学生变得比以往任何时候都更媒介化和网络化（詹金斯，2006；麦克切斯尼，2015；普伦斯基，2010）。

对许多教师来说，数字写作似乎和纸笔写作一样，因为它使用许多与印刷素养所需相同的元素，而且很容易把手写文章变成数字文本；然而，还是存在一些显著差异。数字文本在多模式（结合不同形式）、超链接（与其他媒体连接并建立新关系）和互动（允许共享、合成和参与）方面获得了新的可能性（比奇，2009）。

数字阅读和书写不是孤立发生的；它们嵌入中介化环境和网络化公众之中，这样的环境和公众有独具的特性，尤其是它们与持久性、可见性、可传播性和可搜索性等概念相关联（博伊德，2014）。虽然数字和网络文本带来了极好的机会，但它们也带来自身的局限性和新的担忧，因为它们既不中立也不透明。

数字文本、信息、帖子、订阅和交流行为（哈贝马斯，1984）在年轻人的生活中越来越重要，他们越来越多地沉浸在数字文化和社交媒体中，而不是通过非网络媒体交流。网络传播和非网络传播的差异，是教育者和学生需要考虑的一个重要区别，因为受众、目的、媒介和语境影响所有的传播。通过各种媒体吸引的更多受众，对于广泛共享信息、连接人与人，以及在本地或全球范围内建立群体网络都非常有益。然而，当信息只是为一个特定的受众而塑造，并未意识到访问这些信息的也可能是非预期的受众群时，网络化媒体也可能使情况复杂化。社交媒体正在挑战关于受众、媒体以及发送者和接收者之间关系的陈旧观念。

伴随这些挑战，出现了重新展望这一媒体景观潜力的机会。卡林顿（Carrington，2005）报告称，新媒体文本的出现"使当代儿童置身于消费、身份和信息的全球流动中，其方式在几代人之前是闻所未闻的"（p.22）。半个世纪前，雷蒙德·威廉斯（Raymond Williams，2009）写道，电视的影响与其说是关于离散的节目或信息，不如说是关于日夜运行的节目流。根据奥康纳（O'Connor，2006）的说法，威廉斯分析的关键点是这样一个概念，即构建电视流是让观众为广告做好准备。如今，随着互联网信息、娱乐和社会互动的不断流动，威廉斯基于电视收看和广告的流概念越发贴切，已上升到了前所未有的水平。

这一不断发展的媒体景观环境，为学生提供了创造和贡献新现实的机会。学生应该学会寻找不同视角和证据，对发现进行交叉分析，评估来自多个信源的信息，而不是为寻找单一的"真相"而评估信息。奥雷斯克斯和康威（Oreskes & Conway，2010）断言，学生们需要对一切事物，甚至通常被当作客观的科学，秉持怀疑态度。"历史清楚地告诉我们，科学不能提供确定性。它不提供证据，只提供建立在有条理的证据堆积和仔细审查基础之上的专家共识。"（奥雷斯克斯和康威，2010，p.268）

批判性媒体素养为学生提供一个框架，通过引导他们在学习媒介、技术和流行文化时质疑权力和信息的相互联系，来磨炼探究技能。这是个分析和创造意义的透镜和过程，通过它能教授任何内容。尽管批判性媒体素养根植于文化研究的丰富历史，但批判性媒体素养教育并不与学术专业的内容领域相孤立。批判性媒体素养属于学前教育到大学的每一个课堂；它邀请教育工作者通过探究过程来质疑对"常识"的假设，采用民主教学法进行教学。

## 第六节 通过媒体生产与实践学习批判性媒体素养

通过媒体文本的生产来学习批判性媒体素养，使学生在学习社会环境的表征规范时更富有勇气。无论学生是创造视觉艺术，还是通过开发自己的电子游戏来提高计算机素养，他们都会在积极创造新媒体之时赋予自身以力量。当学生参与创作能够回击和挑战主流神话和刻板印象的媒体时，这其中蕴含着巨大的教育潜力，正如在印刷媒体素养中一样，一个人通过写作学习阅读，同时通过阅读学习写作。尽管早期媒体教育已认识到学生创建媒体的价值，但美国的媒体教育"并不必然支持在媒体生产中采取批判性态度"（莫雷尔、杜纳斯，Dueñas、加西亚、Garcia、洛佩兹，López, 2013, p.4）。莫雷尔等人（2013）提出，教育工作者需要通过批判性媒体教学法，启发"学生认识到他们作为媒体制作者所具有的潜力，以塑造他们生活的世界，并帮助他们将世界变成其想象的世界"（p.3）。纽约教育视频中心（Educational Video Center in New York）创始人史蒂文·古德曼（Steven Goodman, 2003）认为，"教授批判性素养的最佳策略之一，是让学生创建自己的媒体"（p.6）。古德曼（2010）解释说，纪录片创作中有许多富有前景的实践，例如：

> 确保所有学生参与讨论和决策；利用社区作为知识和信息的来源；将个人经历与社会关注联系起来；将多元素养运用于日常工作；提出批判性问题以指导学生调查；修订学生的工作，反思他们的学习；利用他们的视频来激发社区对话和行动。（P.52）

创建媒体的过程在教学上有许多好处。首先，积极创建媒体，而不仅仅是阅读和讨论，是更好的建构主义教学法。学生对阅读和创造的信息进行分析和批判性反思，通过实践和发挥创造潜能来构建意义，从而获得最好的学习效果（杜威，1963；皮亚杰，Piaget，1974；维戈茨基，Vygotsky，1978）。在以学生为中心的技术集成（technology integration）方法中，京、王、施和凯德姆（Ching，Wang，Shih，Kedem，2006）让幼儿园学生和一年级学生在教室里，轮流使用数码相机拍摄他们想拍的任何东西。研究人员指出，虽然在教室里，技术主要由教师运用，但当给学生一台数码相机时，它可以改变教室内的动态，增加学生的接触机会并赋予其权力。京等人（2006）报告称，当学生成为摄影师时，"他们有更多自由空间，可以脱离常规活动，在学习环境中四处漫游，记录学习环境的各个方面"（p.359）。他们解释道：

> 学生们有能力恰当地使用数码相机摄影，并将其作为一种手段，在其他人制定规则的世界中，改变他们通常是受限制的参与者角色（卡瑞尔，Carere，1987），并在课堂的行为规范内，与其他充当拍摄主体的学生展开复杂的谈判。（p.366）

第二，创建另类媒体是一种赋权，因为它为学生提供一条途径，让他们对自己在周围世界中看到和遭遇的问题采取行动。学生需要知道如何使用新工具，以能接触到无数人的方式在他们的世界里进行政治参与，就像他们自己通过游戏、短信、Snapchat、Instagram、Twitter等进行社交一样。Web2.0是关于分享的，社交媒体提供了实现这一点的平台和可能性（普伦斯基，2010）。据《反思学校》（*Rethinking Schools*）编辑说：

> 如果我们要求孩子评判这个世界，又不鼓励他们去实践，我们的课堂就会退化为愤世嫉俗的工厂。虽然教师的职责不是引导学生加入特定的组织，但教师的职责却是要建议想法要付诸行动，并为学生提供这样做的机会。（比奇洛、克里斯坦森、卡普、迈纳和彼得森，Bigelow, Christensen, Karp, Miner & Peterson，1994，p.5）

普伦斯基（2010）主张，真正的学习"包括学生立即使用他们所学的知识在世界中做一些事和（或）改变一些事。至关重要的是要让学生们意识到，利用他们所学的知识对世界变化施加积极影响，无论大小，这都是他们在学校的一项重要职能"（p.20）。他解释说，数字技术为实现这一目标提供了有用的工具：

> 即使是小学生，也可以通过在线写作、支持和宣传在线活动、制作信息、公共服务视频和游戏电影，以及设计原创活动来改变世界。学生创造的任何在网络上"病毒式传播"的内容，可以触达数以百万计的人，学生应该不断努力实现这一目标，输出既有益也有助于他们学习的东西。（普伦斯基，2010，p.66）

这种数字项目以现实世界为素材，利用它开展社会正义教育至关重要，因为并不像托马斯·弗里德曼（Thomas Friedman, 2005）所说的那样，"世界是平的"（有公平的竞争环境）；它仍然存在着巨大不平等和不公正问题。然而，新技术也正在重塑我们的环境和社会关系，为学生制造更多机会，去创建能挑战问题、促进社会正义和提高学术水平的媒体。

批判性媒体素养教学法鼓励学生识别不公，分析其根源和传播途径，采取行动挑战问题。通过六个批判性媒体素养的问题和概念，学生可以学习任何媒体信息；同时，学生作为制作人接触媒体时，不仅学习基本数字素养，还获得了促进社会正义的主动性和赋权感。像任何好的学习项目一样，创造产品的过程通常是大多数学习开展的地方。教师应谨慎行事，不要陷入以牺牲创作过程为代价，过分看重最终产品的常见陷阱。批判性媒体素养强调应用具备批判性思维的调查技巧以及通过媒体制作，来解决真正的问题。

## 第七节 讲故事

早在印刷机发明之前，讲故事是一种多感官体验，具备地方性且充满表达、互动和关联的丰富性。在包含声音、视觉和运动的新媒体中，许多早先的人际互动方式能够再次实现。教师可以让学生就当地历史采访他们的长辈和社区成员，以生活在当地的人为主要信源，从他们那里了解过去。这些访谈可以与图像和音乐相结合，从而创建多媒体展示、纪录片或社区档案。创造出各种类型文本的可能性，使得学生比仅仅为课堂写作业时更有创造力、表达能力和批判性的潜力。

本土教学法（Indigenous pedagogy）提供了一些例子，用以说明口头讲故事的力量。这些力量在以下情况中得到表达：使用隐喻和类比传达字面外的意义，对老人和常被边缘化或被忽视的人进行访谈的社会价值，基于自然知识的重要性（阿罗斯，2013）。数万年来，世界各地的人们通过口头传统，进行价值观和文化身份传承。大约500年前，紧随着印刷机的发明，世界上许多地方印刷媒体素养蓬勃发展，同时口头故事衰落。"因此，口语交流的丰富性丧失了，从各个角度来看，包括音乐性、亲近感、手势交流、空间关系、特定的亲密关系和感官知觉等。"（托内罗和瓦里斯，Tornero and Varis，2010，p.106）幸运的是，许多原住民群体继续实践并保留了口头故事传统，这是一种独特的人类社会实践，并仍为教育与学习提供充分的空间。本土教学法的许多方面，都能使教育者和学生受益，例如口头讲故事，它比基于印刷媒体的素养更能与视听媒体的视觉和听觉模式相契合。福尔·阿罗斯（2013）写道：

> 虽然有些老师一开始觉得本土教学法很陌生，但在某种程度上，他们可能会产生共鸣。我们所有人都有祖先，他们曾经在一个地方生活了足够长的时间，以了解如何与自然界的节奏相对和谐地共存。这种基于自然的知识存在于我们的DNA中。（p.2）

## 第四章

# 为教育工作者开展批判性媒体素养教学做准备

尽管在年轻人沉浸的世界里,媒体和技术已完全渗透青年人生活和社会的各个方面,但几乎没有针对教师的教育项目能让教师做好准备,帮学生批判性地理解这类变化的潜力和局限性。至关重要的是,新教师要学会*如何*向K—12学生教授批判性地阅读和写作,包括从学术文本到社交媒体在内的一切内容。

这意味着负责培训新一辈教师的教育院校必须与时俱进,不仅要掌握最新的技术,更重要的是要掌握批判性媒体素养的理论和教学法。这种准备工作必不可少,可以帮助教师和学生利用信息传播技术、媒体和流行文化,进行相关的批判性思考和行动。不幸的是,如今世界上极少有教师教育项目传授这方面的知识

（霍布斯，2007）。在加拿大这个将媒体素养作为1—12所有年级强制性教育内容的地方，大多数新教师的职前项目也并不包括媒体素养的培训（威尔森和邓肯，Wilson & Duncan，2009）。研究人员调查了英国（这是诸多有关媒体素养的思想最早出现的地方）的媒体教育，发现许多教师并没有做好教授媒体教育课的准备，"这（那）里只有数量有限的培训是为学校教师传授媒体相关内容而准备的"（柯万、利尔蒙斯、塞耶和威廉斯，Kirwan，Learmonth，Sayer & Williams，2003，p.51）。

尽管很难确定谁正在或谁并未批判性地讲授媒体和技术（米海里蒂斯，Mihailidis，2008），但美国高等教育中的媒体素养课程似乎有所增加（斯图尔曼和西尔弗布拉特，Stuhlman & Silverblatt，2007）。随着技术与媒体不断发展并进入更多公共和私人空间，越来越多教育从业者意识到有必要对新教师进行媒体素养方面的培训（多米娜，Domine，2011；格茨、布朗和施瓦兹，Goetze，Brown & Schwarz，2005；霍布斯，2007）；有些人甚至指出关于教授批判性媒体素养的必要性（弗洛雷斯-库利什、迪尔、洛辛格、麦卡锡和罗斯布鲁，Flores-Koulish，Deal，Losinger，McCarthy & Rosebrugh，2011；卢克，2000；罗伯森和休斯，Robertson & Hughes，2011）。通过对316家提供教师培训和研究生学习的美国公立教育机构的分析，研究人员蒂德、格瑞夫和霍布斯（Tiede，Grafe & Hobbs，2015）发现极少有学校提供除媒体教学法之外的更多课程，而这种媒体教学法只是利用媒体而非关于媒体的最基础的教育技术。他们的报告写道："媒体教育，即强调与媒体、文

化和社会批判性评价相关的教学实践的教育项目十分稀缺,仅占所有教师培训项目的2%。"(pp.540-541)

2011年,联合国教科文组织(UNESCO)发布了一份以10种不同语言编写的在线课程指南,用于培训媒体教育教师(格里兹和威尔森,Grizzle & Wilson,2011),"从而表明至少未来十年间,媒体和信息素养教师的培训将是全球教育系统的重大挑战"(佩雷斯-托内罗和塔伊,Pérez-Tornero & Tayie,2012,p.11)。教科文组织的媒体教育采取将媒体和信息素养相结合的方法。卡罗琳·威尔森(Carolyn Wilson,2012)解释道,媒体和信息素养包括许多职业能力,既有信息传播技术的学习和使用,也有

> 对媒体、信息和技术诚信尽责地使用,以及参与民主和文化间的对话。媒体和信息素养既是教学的内容范畴,也是教学的方式:它不仅涉及技术能力的获得,还涉及对批判性框架和方法的发展。(p.16)

## 第一节 教授教师批判性媒体素养

将教育转变为通过对媒体、技术和流行文化的批判性使用,以实现社会和环境正义,是加州大学洛杉矶分校教师教育项目批

判性媒体素养课程[1]的首要目标。通过将文化研究和批判性教学法的理论与新数字媒体和技术的实际课堂应用相结合，本课程试图让K—12年级的教育者做好准备，以教授学生批判性地分析并创建各种类型的媒体。

在批判性媒体素养课程中，攻读硕士学位的全职教师和正要获取教师资格证及硕士学位的职前教师们，使用相机、电脑、手机和平板电脑探索他们的社区，以便寻找社区生活与数学、科学以及社会研究之间的关联，去反思他们的个人身份，表达他们的情感和思想，去讲故事、去进行合作、去挑战主流意识形态。通过各种课程，学生们展示了他们使用数字媒体的能力以及他们对表征政治的理解。这项课程包括旨在将技术、流行文化和媒体分析整合起来的讲座和作业，使学生不仅能通过进行批判性分析成为更好的读者，还可以学习如何使用这些新工具创作，并成为21世纪的作者。这种扩大化的文化素养概念，往往令许多从小就经常用媒体和技术进行娱乐和社交的人产生共鸣，因为他们发现它比只是基于印刷的读写素养更具备文化相关性。

当前面临的挑战是，如何将这种有关文化素养的扩大化视野，与对信息和权力之间永久联系的更深入探索结合起来。课堂所蕴含的更具批判性的力量在于，提升文化素养过程中对意识形态、权力和身份认同的参与和交锋。素养可被作为公民的参与工具，

---

[1] 此处指加州大学洛杉矶分校编号Ed466的"批判性媒体素养课程"，它是教师教育项目必修课程。——译者注

对它的批判性分析和运用，强调了素养在社会正义教育中能够发挥重要作用。

第一堂课介绍批判性媒体素养的框架及其六个概念的理解及问题；之后的每一讲都从对这些概念和问题的回顾和应用开始。本课程的一个目标是让新教师了解素养，包括阅读和写作所有类型的文本，因此我们鼓励学生不仅仅分析，还要制作媒体。一系列的作业要求学生们协同创作各种类型的媒体项目，如需求海报、摄影、播客、模因、数码故事、社交媒体等。批判性媒体素养课程还需要学生合作完成一个课程的计划或学习模块，并将其写出来呈现给全班。如果有机会，还可以在教学实习中，对他们自己的学生开展。

学生们起初参与的一项活动，是为一个班上他们不太了解的人制作一张视觉类海报。在这项作业中，学生们要通过视觉手段表现一个同龄人，但不显示出这个人的脸或名字。他们的任务是在课堂上用五分钟时间对同伴进行访谈，然后针对她或他制作一张海报，上面只使用视觉图像：照片（除了脸部的任何一处）、图画、徽标等。接下来的一周，他们在画廊通道里展示自己的海报供所有人观看。在汇报中，学生们讨论被进行视觉表现的感受，以及只用图像来表现别人的感受。对部分人来说，这是一种挑战，因为他们会在试图避免刻板印象的同时，从视觉上对同龄人的品质进行概括。这就引出关于批判性媒体素养概念性理解4（表征政治）的讨论，以及媒体图像通常用来表现人群的刻板印象方式。

接下来的作业要求学生使用图像、文字和各种设计元素制作更复杂的海报。学生们的任务是制作一张需求海报,从视觉角度表现他们正在教授的东西。这是为了将媒体整合到课程中,以使科目主题在教授计算机素养、视觉素养和批判性媒体素养的同时更加吸引人。这项作业提供一个机会,使学生看到他们所上的课程是如何教授的,并看到如何将媒体、技术、图像、少量文本相结合,从而创作出一种切实证明内容与理解相关联的媒体产品。当教师制作他们的需求海报时,会发现任何东西(数学公式、科学概念、书籍、字母、数字、历史事件,甚至是人)都可以成为主题。

这项任务还提供基础的技术技能,例如将图像插入 Word 文档,使用艺术字作为标题,加入边框,以及添加文本框——用以*描述或提醒*。作业要求教师和学生思考视觉素养,并考虑排版(字体类型、颜色、大小)、摄影、插图、构图和设计(概念性理解 2:语言/符号学)。为让学生将他们正在学习的信息跨媒介地转化为视觉语言,他们需要将思想综合成一个图像、标题和简短的文本,对其加以描述并提醒读者。

新教师创作的需求海报成为原始案例,他们自己的学生从中可以看到演示型学习(demonstrating learning)的数码替代方案,关于课堂上哪些人的故事能被看到和听到的表述,还可以看到对其进行重构的可能。虽然需求海报可以仅仅是一种重述信息的方式,但它也同样可以成为一种更具批判性的媒体素养工具,用来创作与在教科书和流行文化中,被错误表现或未充分表达的想法、人物和事件相关的媒体。社会研究方向的实习教师维尔玛·萨帕塔

（Verma Zapanta）为领导人民武装抵抗殖民统治的菲律宾妇女加布里埃拉·西朗（Gabriela Silang）制作了一张需求海报。当教授和学生有机会发表自己的陈述时，他们可以利用这种权力来确定讲述谁的故事以及如何讲述。需求海报是这门课最常见的作业之一，它能直接进入教室，中小学生在课堂上就能够制作自己的海报。这项活动可以通过计算机完成，从而将技术技能与科目学习相结合；与此同时，在那些只用纸和马克笔的学校里，学生对技术的接触则十分有限。

## 第二节 探索身份与媒体表征

当教师和学生认识到视觉表征的力量时，我们对表征的过程提出疑问，以使之反思他们所发现的，媒体中有关他们自身负面形象的刻画。学生们使用在线社交媒体网站"Voice Thread"[1]来制作"通过他人的眼睛"这项作业，作业包括对媒体中有关他们身份的某方面进行恶意中伤的内容进行发帖和评论。"Voice Thread"为学生提供了看到并听到彼此想法的机会，还让他们可以在同龄人的帖子里添加评论。除了提供比需求海报中的图像和文字等基础操作更复杂的技术经验，这项作业还要求学生批判性地分析媒体的表征，并回击充斥他们世界的负面信息。在这一过程中，学生们所评论的不仅包括媒体有关身体形象、移民、家庭暴力、酗

---

[1] 原书所附网址：Voicethread.com

酒、宗教、刻板印象的刻画，还包括对种族歧视、性别歧视、阶级歧视和性向歧视等交叉问题的描述。这些批判有助于学生探索视觉形象的影响，以及媒体与权力和身份的深层联系，尤其是当相关表征是负面报道时（概念性理解6：社会和环境正义）。阿玛莉丝·莱亚塔瓦（Amaris Leiataua，2013）是一位中学社会研究职前教师，她描述了这项作业对她的影响：

> 在我们必须完成的所有项目中，"Voice Thread"作业给我的感触最深。这项作业让我有机会反思自己作为女性、太平洋岛民的身份是如何被媒体进行负面描绘的。尽管我已经和同伴们认识有三个月了，但我仍在犹豫是否与他们分享如此容易令人受伤的事情。我花很长时间写了一个脚本，并在发布之前至少进行过十几次录音，最后我将它分享出来。在对我"Voice Thread"的回应中，许多人告诉我，他们喜欢它、尊重它，或是能够与我所表达的东西产生共鸣。能与那些我以往认为从来不会与我有任何共同点的同龄人们产生联系，是一次奇妙的经历。他们极其配合并乐于支持。同样，别人讲述的故事也增加了我对他们身份的认知，让我比以往更尊重他们。

这项作业经常能引发对如何解决微歧视（苏，Sue，2010）问题的对话，而那些不被作为攻击目标的人往往对这类微歧视视而不见。一名拉丁裔学生举出乐高（LEGO）墨西哥玩偶的例子。这种乐高把所有墨西哥人概括为戴大帽子、披着瑟拉佩[1]、手拿沙锤的形象。这些东西对拉丁美洲学生来说，就好比当他听到"你看起来很墨西哥"的评论时，总感觉带有负面含义。不论在课堂上，还是在网上论坛的讨论中，学生们都会对"Voice Thread"上各不相同的帖子表示惊讶，因为他们以前从未有过类似的想法或概念。这些讨论往往成为辛格尔顿和林顿所谓"勇敢的对话"（辛格尔顿和林顿，2006），需要尊重和支持来协助进行。对于有些学生来说，最大的挑战之一是认识到权力、特权和意识形态在判断个体歧视行为与社会压迫制度之间的区别时所起的作用。约翰逊（2006）解释道，个人主义思维"使我们对特权的存在视而不见，因为根据其定义，特权与个人无关，仅与我们最终所处的社会范畴类型有关"（p.77）。

在经历过他们自身问题的错误表述之后，学生们着手探究意识形态和文化研究的理论基础。我们从一份异性恋问卷开始，要求学生独立回答，并从挑战将异性恋作为常态的角度，反思自己对性取向的看法。为完成调查，我们要求学生不考虑他们本身的性取向，而假装自己是异性恋。这个调查是一种教学性工具，并不收集或共享其结果，只用来引导鼓励学生思考其中的问题及意涵。其中有这样几个问题："你认为是什么导致你的异性恋取向？""有没有可能异性恋取向只存在于你成长过程中的一个阶段？"（罗欣，Rochlin，1995）虽然有些学生笑了起来，有些则表示

---

1　瑟拉佩（serape），拉美男子佩戴的彩色毛披巾。——译者注

不适。这一教学的部分目的，是要破坏霸权主义意识形态，暴露其社会建构实质，这对那些没有将自己所处的社会范畴类型看作特权的人来说，往往是困难的。借助对"通过他人的眼睛"相关帖子的讨论，学生们看到媒体中众多以牺牲他人为代价，从而为某些人提供特权的例子。我们将讨论与阅读材料以及更进一步的意识形态示例相联系，这些示例强调"自然化"和"他者化"（霍尔，2003）。

有大量例子能用来解构有关语言、标签甚至地图的"常识"假设。我们所见的更强有力的例子来自美国喜剧中心电视频道的《科尔伯特报告》（科尔伯特，Colbert，2009）中的一个视频剪辑。在视频里，斯蒂芬·科尔伯特用幽默的手法来解释"中性男人的负担"（Neutral Man's Burden）。这巧妙地运用讽刺来证明索尼亚·索托马约尔——首位被任命为最高法院法官的拉美裔法官——将如何"破坏法院的中立性"。多年来，最高法院一直被白人男性占据，并如科尔伯特所报道的那样，是"中性的"。我们再用一个在风中骑自行车的比喻来跟进这一看法，当风力有助于你的时候（正如当你受益于主导意识形态的时候），大多数人都不会注意到它。然而，当风吹着你的脸并使骑车更困难时，大多数人能够感受到风，并意识到它正造成的问题（例如当你受到压制结构的负面影响时，就有了识别它们的能力）。我们鼓励学生质疑占主导地位的意识形态对某些信念的偏爱，这些信念往往有利于具备最多特权的群体。马克思和恩格斯1846年写道："在每一个时代里，统治思想都是统治阶级的思想。"（1970, p.64）理解媒体对媒体意识形态的再生产，有助于学生将概念性理解1（社会建构主义）与概念性理解4（表征政治）中的概念性理解联系起来，以质疑种族主义、阶级歧视、性别歧视、父权统治和环境正义等问题，因为所有媒体信息都是在权力等级制度内部建构的。

弗莱雷和马塞多（1987）提示我们，"阅读世界始终先于阅读字词，阅读字词意味着不断阅读世界"（p.35）。这门批判性媒体素养课借助众多的讲座和活动，将促进青年参与、相互对话和有关教学法的反思，置于每个学生在课堂上分享的生活体验之中。课程的重点在于我们对虚拟的、中介的和物理体验的世界进行文化解读时，意识形态是如何产生的，就此进行审慎的反思。中学数学教师莫妮卡·帕迪拉（Monica Padilla，2013）在对Ed466课程[1]的最后回顾中写道：

> 作为上过市区公立学校的拉丁裔人，我仍然在与不安全感作斗争。这种不安全感，是我在一个被边缘化的社区长大的直接后果。感谢这个项目和这门课，我知道我能够而且必须为我的学生改变这种状况。我想让我的学生在创造他们自己知识的过程中成为积极的、有影响力的参与者。

---

1　Ed466课程即原书63页提到的加州大学洛杉矶分校教师教育项目必修的"批判性媒体素养课程"。——译者注

## 第三节　投身种族和性别问题

女性主义立场理论为批判性媒体素养提供了一个重要的理论视角，因为它解释了由从属地位开始的探究，是怎样增加使主导意识形态被看见的可能性（哈丁，Harding，2004）。当我们探索表征政治时，我们使用奴隶制、优生学、经济学和肤色主义这四个与非洲有关的媒体素养视角来处理媒体中的种族和种族主义问题。（拜亚德，Byard，2012）。英国广播公司（BBC）纪录片《科学种族主义：社会达尔文主义的优生学》（大卫·奥卢索加和丹尼尔斯，David Olusoga & Daniels，2013）是一部有力的作品，提供了种族和种族主义社会建构的历史语境。这部纪录片运用与非洲有关的媒体素养框架，揭示了帝国主义、殖民主义、科学、奴隶制和肤色主义与当前新闻媒体和流行文化对非裔美国人的描述之间的历史联系。

当我们研究许多群体如何遭受种族主义意识形态之苦的同时，我们还特别关注非裔美国人和美洲原住民的经历，因为他们始终是受明目张胆的种族主义、比例过高的监禁和暴力、缺陷思维和种族微歧视影响严重的群体。我们课上的一项活动暴露出这一问题，活动关于在 eBay.com 网站搜索"值得收藏的美国文物"。每次学生们访问这个网站，他们都会发现有人买卖非裔美国人的种族主义图片和物件，比如黑人奶妈以及桑博[1]的古董瓷像。

---

[1] 桑博（Sambos）指黑人与印第安人或欧洲人的混血儿。——译者注

为了分析肤色主义在当前的表现形式，学生们以刊载有色人种名人的杂志封面为例进行比较，这些封面上的皮肤颜色深度截然不同。他们还探索了将滤镜应用于照片的流行手机应用程序中的白色偏见（white bias）。这种偏见在表征方面等同于美白面霜、直发器和整容手术。穆劳迪兹（Mulaudzi, 2017）这样描述滤镜：

> 一旦使用滤镜，用户的脸颊就变得更明亮，比起原始状态来说，通常肤色更浅、没有瑕疵、更纤瘦，有着闪闪发光的眼睛和小鼻子。这种改变甚至会给你更薄、不同颜色的嘴唇和白里透红的脸颊。简单地说，面部特征被调整成适应西方审美标准的模样。

这些滤镜非常受欢迎，以至于许多学生在使用它们时，并没有考虑滤镜在维系肤色主义方面扮演的角色。

我们还讨论了东方主义、反犹主义、针对拉美人和亚洲人的种族主义、模范少数族裔的神话，以及所有这类刻板印象与性别、阶级、性取向和诸多其他身份标记之间的交集。这种探索针对种族和种族主义的社会建构，它阐明种族主义意识形态的反复如何助长种族微歧视。这种微歧视如今虽不太明显，却仍有高度的破坏性。

这一阶段课程的媒体制作作业，要求学生合作创制一个打破*种族神话的模因*（a racial myth-busting meme）。学生们在网上搜索他们认为带有种族主义色彩的媒体图片，然后将其转换成意图不同的模因，挑战其原本信息中的种族歧视。尽管网上有许多免费模因作者和大量搜索引擎，可以帮助学生找到种族主义的图片，但这项作业并不容易。因为它需要高水平的思维能力和创造力，从而在制作模因时通过几个简单词语就对种族主义构成挑战。值得重申的是，最好的学习效果来自整个过程而非成果。在这种情况下，许多让学生极其费劲纠结的最终成果，却引发了最有成效的讨论和最有收获的教训。

学习Ed466课程后，一位新科学老师把他的九年级生物课变成了一种批判性媒体素养探究。当学生们研究DNA和遗传学时，亚历山大·丁恩（Alexander Dinh）向他的学生提出一个问题："种族分类从何而来？"为回答这个问题，他的学生们分小组调查研究，然后制作公共服务报告视频来解释他们的发现。学生们用手机拍摄并编辑，解密有关DNA转录和翻译的科学话题，同时还讨论了滥用科学以助长种族主义的方式。在一份公共服务报告中，学生们作出如下汇报：

> 是遗传学导致了种族主义的这种想法，不断被扭曲缠绕并向各种方向转变。在我们的基因里，有百分之九十九与周围人相似，百分之一使我们独特而与他人不同。然而，社会在创造种族主义。相貌和外表，彼此间相互评判，[说]种族笑话，这些就是种族主义，必须被制止。为充分理解种族主义的概念，所有人都必须了解遗传学。（制止种族主义，2013）

这个项目突出了批判性媒体素养教学法的跨学科性质和潜力。在实施研究时，学生们不仅学习生物学，而且还了解到如何利用生物学作为一个领域，来维护某种主导意识形态。此外，学生们还学会如何利用他们学到的科学知识来构建一个令人信服的故事，以打开那些在线收看公共服务报告的人的思路；同样，也为那些课堂上的和高中里的同龄人打开思路。

让学生理解所谓素养就是一个需要分析以及生产、阅读和写作的过程，这一点十分重要。为具备媒体素养，学生必须学会批判性地阅读并创建信息。通常是在媒体制作的过程中，学生通过制作反叙事或讲述鲜为人知的故事，加深他们的批判性理解，并培养一种赋权感。实习老师利齐特·门多萨（Lizzette Mendoza，2016）在她的结课反思中写道：

> 在这门课上，我深入思考了自己作为一名有色人种女性，是如何被媒体表征的。有些经常闪过的念头，我并没有深究，因为它们深深困扰着我，很多时候不知该如何处理那种愤怒和沮丧。这门课使我发现，我可以通过创建自己的媒体并与学生、同侪分享，来对这些带有偏见的图片展开挑战。

接下来的部分里，我们将重点从种族转移到性别，比较并对比商业媒体中男性和女性的表征。我们使用建构主义教学法，从学生的输入开始，让全班在教室墙上创作两幅大型拼贴画。学生从流行杂志上撕下照片并贴在墙上，这些照片是他们认为的商业媒体中最典型且常见的男性和女性形象。拼贴画完成以后，学生们开始讨论他们所注意到的男性和女性表征之间的相似和不同之处。这部分讨论试图分析男性/女性二元划分的局限性，并附有让·基尔伯恩《温柔地杀死我们4》（*Killing Us Softly 4*）中关于广告中女性形象的视频片段，以及杰克逊·卡茨《坚韧伪装2》（*Tough Guise 2*）中关于暴力男性气质媒体表现的视频片段。

学生们所提供的不同视角和媒体示例增加了课堂讨论的深度。我们还上网并使用交互式工具，来观察和倾听构建性别的不同方式，例如通过向儿童出售的玩具来构建性别。性别广告混合器应用程序[1]允许人们对玩具广告进行混音，把针对女孩的广告音频和针对男孩的广告视觉图像叠加在一起，反之亦然。这个应用程序2010年由乔纳森·麦金托什（Jonathan McIntosh）创建，他在其他人的帮助和合理使用下不断进行升级。性别广告混合器和性别拼贴画做法，无论在大学研究生中，还是K—12公立学校中小学生中，都能够顺利开展，用以展示媒体如何构建性别角色。

## 第四节 挑战广告与消费主义

由于商业媒体是营利性生意，而广告是它们的驱动器，我们花了整整一堂课来研究广告、市场营销与公共关系。本节直接讨论概念性理解5（生产/机构），我们将讨论媒体所有权、企业合

---

1　原书所附链接为：http://www.genderremixer.com

并、政府解除管制、商业销售、品牌推广，以及博取眼球和收集消费者数据的最新营销策略。学生们将消费主义作为一种主导意识形态进行分析，并解读公共关系的兴起如何影响到新闻业的衰落（苏利文，Sullivan，2011）。消费主义社会对于我们这个有限的星球来说，是不可持续的模式，同时，随着气候变化的影响越来越大，我们鼓励教育工作者与学生一起应对环境正义问题。为满足这一需求，我们正在开发相关批判性媒体素养课程，以对人与自然的关系提出疑问，并讨论过去、现在和未来的媒体在塑造这些关系时所扮演的角色（见第五章）。

为对一个多数学生都可能看到的广告进行案例剖析，我们给每个学生发了一个手掌大小的酸奶奶昔，并让他们回答六个有关他们手中产品的批判性媒体素养问题。在分享想法完毕之后，他们剥下外层印有广告的压缩包装纸，暴露出内部的白色无菌塑料瓶。根据这个看起来很普通、失去了以前让它看起来更有趣的彩色图画的瓶子，学生们重新评估手中的产品。

学生们使用相同的白色塑料容器，分组开展工作，将他们的瓶子改造成可销售的产品，以满足不同的目标受众。每个小组会收到一份不同人口群体的统计列表，从中选择并创作广告，向目标受众销售相同的白色瓶子。学生们用马克笔和大张图纸来设计他们的广告，采用任何他们想用的元素，从标识、吉祥物到成熟的广告旋律以及角色扮演。这一活动为学生提供了一个使用市场营销和流行文化的代码和惯例来重新思考产品包装和创作利基广告[1]的机会（概念性理解2：语言/符号学）。它还鼓励学生根据年龄、种族、性别、阶级和其他身份（概念性理解3：受众/立场），反思人们被进行目标营销的方式。

## 第五节　创建批判性媒体素养课程

大约在学期进行到一半的阶段，学生小组开始与全班分享他们自己的批判性媒体素养课程。从那时起的每一周，不同学生小组都会就他们设计出来用以教授学生的课程或单元进行一个简短演示。这些课程将他们教学所需的学术内容与批判性媒体素养的概念和教学法相结合。每节演示课结束后，其他作为观众的学生就会对内容进行反馈和提问。这些教学计划的演示已经成为学生和教师们最喜欢的部分，因为许多小组都开发了教授批判性媒体素养的创造性课程，涵盖从小学语言艺术、社会研究到中学数学、科学等各个不同的学科领域。在课堂上展示的课程案例包括以下内容：

几名小学教师开发的语言艺术课程，用维恩图[2]比较并对比不同版本的寓言和童话故事。然后，学生们协同创作从同一故事不同视角展开的连环漫画。依照同样的思路，另一个小组让学生们制作电影预告片，从区别于叙述者或主要角色的不同角度为一本

---

1　利基广告，针对被绝对优势企业忽略的细分市场的广告。——译者注
2　维恩图（Venn diagram），数学、统计、逻辑学等领域中，通过图与图之间的重叠区域来粗略地表示集合之间关系的一种草图。——译者注

书做广告。

小学的社会研究老师们为学生设计了这样一门课：让他们研究加州教堂[1]（四年级）或国家地标（五年级），然后以Yelp或Trip Advisor[2]页面为模板，创建虚构网页。在网页中，以多种视角提供关于该地点的信息，从而解释不同群体（美洲原住民、殖民者、移民、非裔美国人）所经历的历史。网页上也发布这些群体的评论，就好像他们正在对该地点进行回顾一样。一些小组让他们的学生使用像Facebook[3]甚至手机屏幕一样的模板，来复述或改换文本用途。

中学的科学教师设计了一个系列课程，以帮助学生区分流行文化中的科学事实和虚构。学生们对电视节目和电影中如何通过关注某个特定科学错误来延伸科学真理进行探索；之后，他们围绕其有关科学谬论的分析和推理，创制一个视觉表征作品（电影海报，博客评论，漫画等）。

中学数学教师为学生设计了一组课程，通过挑战新闻媒体和广告中视觉化的数据呈现方式，分析看似精准的图表和信息表是如何对信息进行扭曲的。他们分享的图表示例包括以下几种：房价的柱状图仅聚焦最高房屋价值，未纳入所有住房成本；线型图

---

1　California Missions，教堂是加州历史文化的重要元素，从圣地亚哥到索诺玛，共有21个教堂，是加州独特的历史文化。——译者注

2　Yelp和Trip Advisor是国外较常用的餐饮和旅游生活服务类手机软件，类似我国的"大众点评"和"携程"。——译者注

3　Facebook是国外较常用的社交媒体软件，可交友、分享照片等，我国一般称之为"脸书"或"脸谱网"。——译者注

改变y轴刻度，扭曲x和y值之间的视觉关系；以及用二维图与三维图相对比，从而改变视角和实际数据的尺度。分析这些例子之后，学生们以小组形式创建他们自己的扭曲图表，用以歪曲信息并误导听众。

## 第六节　社交媒体和伙伴教学法

在批判性媒体素养课程中，学生教师们对社交媒体和在线应用程序进行探索，从而创建词语云、思维导图、卡通、动画、gif动图、表情包、信息图表、地图、数码故事、演示文稿、教学指南、评价指标等。学生分享他们的网络资源知识：由于应用程序变化频繁，通常有学生演示他们发现的新工具。我们还讨论了搜索和标记信息的过程——就像一枚硬币的两面：学生对数据进行分类和标记的能力越强，他们就能越发熟练地找到想要的信息，因为选择文件名和标签的过程对于选择搜索关键字也很必要。我们采取萨菲亚·乌莫贾·诺布尔（Sofiya Umoja Noble，2013）的工作成果，批判性地检视搜索引擎的偏见，以帮助学生了解即使是传递信息的媒介本身也会影响信息和受众。我们登上虚假网站去探险，以此挑战学生的信息评估能力。在"骗局博物馆"[1]这一博客的收藏中，有许多例子，鼓励学生对他们的证据进行交叉分析，并评估源自多个信息源的消息。

---

1　原书所附链接为：http://www.museumofhoaxes.com/

为满足州教师资格认证的要求，我们还关注加州教师资格认证委员会（California Commission on Teacher Credentialing，CCTC）的合规问题，包括计算机素养、版权、在线安全、网络礼仪和可接受或负责任的政策使用。与此同时，我们讨论了合理使用、重新混合、开源、网络中立、创意共享和反版权运动（弗格森、霍布斯，2010；路德维希，Ludwig，2014；全国英语教师委员会，National Council of Teachers of English [NCTE]，2008）。在教育工作者中，存在大量关于版权限制的错误信息，这往往导致教师在课堂上尽量避免使用媒体和流行文化。重要的是，教师和学生必须明白，*合理使用原则*（fair use）[1]如何在课堂上和媒体制作中为使用受版权保护的材料提供广阔空间，特别是在这种使用具有创新性的时候。合理使用原则有助于教师理解他们的合法权利与课堂教学之间的联系。教育工作者还必须了解关于网络中立和互联网开放接入的规章制度，这些规章制度一直在法庭中辩论并不断改变。

大多数学生原本就具备关于技术、媒体，尤其是电子游戏的知识、技能和态度。为了鼓励一种非评判性批评的氛围，我们研究了詹姆斯·基伊（James Gee，2007）有关教育者可以从电子游戏中学到的经验和教训的观点，例如需要承担风险、减轻失败的后果，以及提供即时和非评判性反馈等。即使是长期玩家也常对基伊有关我们可以从游戏中学到经验的积极观点感到震惊。普伦

---

1 合理使用原则（fair use）：指在教育、新闻报道、批判性分析等符合法律规定的目的中，允许在不经版权人许可的情况下对受版权保护的作品进行使用。——译者注

斯基（2010）认为，"21世纪，所有教师面临的关键变化和挑战并不是适应新技术的细节，而是适应一种不同的、更好的教学方法，即伙伴教学"（p.3）。普伦斯基呼吁一种以探询为基础的学习，改变传统上学生和教师所扮演的角色；现在，当学生成为积极的研究人员和"世界改变者"（p.20）时，教师不应该再是发号施令的专家，而更应该是一名协助促进者、指导者或教练。这种伙伴式教学法遵循了苏格拉底式提问的辩证方法、约翰·杜威的实践式经验学习理念，以及保罗·弗莱雷所呼吁的用提问式教学法取代灌输式教育的传统。

这种与社会公正教育相关的现实世界数字项目至关重要，因为世上有着海量的问题，而学生们有必要了解，他们自身能够成为解决问题的一部分。新技术正在重塑我们的环境和社会关系，为学生提供更多创造媒体的机会。这些媒体有能力挑战问题、促进社会/环境正义，并提升学术水平。

## 第七节　光线、声音和多媒体行动

在整个课程中，我们引导学生尝试进行媒体制作。通过将分散的课程内容转变为照片拍摄（视觉素养）、播客录制（听觉素养）和数码故事创作（多媒体素养）等，把视觉素养和听觉素养的元素结合起来。虽然这类媒体生产技能可以以纯粹技术方式教学，但我们使用相同的社会文化视角和批判性媒体素养教学法，教学生有关媒体生产在挑战主流意识形态、成为社会变革工具方面的潜力的知识。

在摄影课环节中，我们探索了许多视觉素养的概念，并对将相机作为课堂教学资源进行尝试。我们让学生通过分析同一个人物的不同杂志封面，协作共同创建一个摄影技术列表（沙尔，Share，2015b），从而切身参与摄影理论和实际应用。在摄影作业中，不同学生小组用他们制作出来的摄影技术列表，借助手机相机阐明表中的词语。当他们拿回照片时，学生们试着猜对方所用的词。然后他们再次离开，以完成"好照片/坏照片"作业，在其中，他们给同一个人物拍两次照片，使他在一张照片中看起来不错，而在另一张照片中看起来很糟糕。当密苏里州弗格森市的警察枪杀手无寸铁的非裔少年迈克尔·布朗（Michael Brown）事件发生后，数百名非裔美国人在Twitter提出了这样一个问题：如果他们开枪打死我，媒体会选哪张照片？他们以"如果他们杀了我"为标签，在Twitter上发出两组自己的照片。其中一组依商业媒体标准来说，看起来更"容易被社会接受"；而另一组以主流媒体眼光看来，则不那么"体面"（维加，Vega，2014）。当我们观察新一代年轻人将摄影和社交媒体结合起来以对抗并挑战霸权时，这个例子强有力地说明，"好照片/坏照片"作业将在何种程度产生重要政治影响。

在探索媒体中的声音工程时，比起眼睛来说，我们使用的更多是耳朵和嘴巴。我们从单个音开始，首先练习用不同的语调发"哦"这个音，用以传达各种含义。然后我们将字组合起来，拼出"bad"这个词，然后练习用不同方式来表达相反的意思，从"不好"到"棒极了!"。接下来,我们把单词放在一起,借助不同标点符号的句读,多次阅读同一个句子。这些都是学生在分析和创建不同类型的录音时应该学习的技能。对学习阅读理解以及学英语的人来说,这些技能也很有用。因为它们探索了仅仅通过单词发音就改变意思的方法。

从文字到声音和音乐,我们进入音调绘画并探索音乐如何传达思想和情感。在倾听一些著名的音乐片段后,我们讨论音乐在讲述故事、营造气氛,甚至有些时候在延续刻板印象方面所起的作用。这些活动符合加州公立学校视觉和表演艺术内容标准的各个方面:艺术感知、创造性表达、历史和文化背景、审美鉴赏,以及联系、关系和应用。

听觉素养的另一个值得投入的方面是声效的使用。学生在阅读书籍或制作电影时,创制自己的声效,会有很大的激励作用。我们将一些家居用品带到这节课堂上,让学生们进行实验。利用这些物品制造出声音,并倾听它们所唤起的感觉和图像。学生们分成小组,用手机制作播客,利用上面所提到的听觉素养元素,在播客中复述一篇媒体文章或讨论某一特定广播风格的主题。

在另一部分课程中,我们将听觉技能和视觉素养结合,让学生创作数码故事。有很多工具可以用来制作数码故事。由于我们的学生大多数在下城区那些资源欠缺的学校教书[1],我们便教他们如

---

1　这里所说"我们的学生"即"教师教育学院"学生,其中大多数人已在中小学任教,同时接受继续教育。——译者注

何使用最常见的电脑应用,即微软的办公软件PowerPoint来制作数码故事。许多人并没有意识到PowerPoint包含录制旁白的功能项,从而可以很方便地为数码故事提供配乐。虽然它绝对不是制作数码故事的最佳程序,但却是人们最有可能使用的工具,也是他们和K—12的学生们能比较熟练使用的程序之一。找到一个可使用的工具很重要,但比起作为一种手段的工具,学习如何讲故事却是最重要的工作。

我们教授数码故事讲述的基本要素,展演示例,并让学生将他们的想法写成故事板,以便创造反霸权的数码故事(奥勒,Ohler,2008)。为提供简单且能快速上手的例子,以便我们的老师能将其直接带入课堂,我们让他们使用六张索引卡片来绘制他们故事的关键场景。学生们以小组为单位,分配绘制插图、编写脚本、录制声音并在PowerPoint中集合所有元素。每个数码故事首先做成故事板,然后编写成脚本。学生们将场景绘制在索引卡上,然后拍照,并将图像上传到PowerPoint演示文稿中。最后,小组录制旁白、对话和音效。学生们通过在课堂上一起创作数码故事开展练习,这一过程与他们今后教学生涯中将与自己的学生一起运用的方式一致。

## 第八节　社会正义教育者培养中的挑战

大多数学生发现,对媒体和流行文化的使用,是讨论深层情感和系统性压迫结构的绝佳工具。但有些学生对深入探讨种族歧视、性别歧视、性向歧视以及使这些问题得到延续的制度和特权等问题，并未做好准备或者不感兴趣。劳拉·伊斯塔（Laura Ixta）是一名职前小学教师，她在最后的课程反思中写到自己接触到很多新想法，"虽然有时我确实对呈现的材料感到不舒服，但正是这些东西让我开始探究为什么我会不舒服。它允许自我反思，更多地了解我自己的成长，我自己的经历，我自己的身份"（伊斯塔，2014）。对于共核标准的实施，这些话题并非不可或缺，但对致力于成为社会正义教育者并改革教育方法的人来说，这些话题就是有必要的。批判性媒体素养旨在赋予教师和学生一种公民责任感，以逐步解决社会问题，这些社会问题通常会涉及媒体和技术等方面。我们的目标是培养教师，使得他们能够使用技术和媒体来改善教学；同时，以想法和策略支持社会正义教育者激励他们的学生采取行动。高中科学老师崔约翰（John Choi, 2013）在他写的Ed466课程的结课反思中，谈到他将批判性媒体素养引入其咨询课的经历：

> 自然而然地，一些学生已经开始从提问和审查媒体，转变为寻求行动。类似"信息中表现出什么样的价值"的问题，让位于我们能如何改变这一问题。我发现，社会正义来自他们本身，而不是我的敦促；一旦学生们理解了这种不公，他们就会发现自己想要做出改变。在这个强大的行为实践模型中，学生们学习批判性媒体素养理论，并由之激发行动。其中展示出一种以往我的辅导班里从未出现过的教学方法。

崔的反思为社会正义教育提供有力的例证；然而，并非所有学生完成的项目都能清晰表达出这样的批判性观点。虽然其中的一些经验也许缺乏我们所谋求的批判性的分析，但我们认识到，学习的过程中每个人都有自己的道路和途径；有时我们是在播种，有时只是打开一扇门。批判性媒体素养教学法旨在鼓励学生通过提出问题，来探索流行文化、媒体和技术。这些问题有望引导他们对自己的世界进行更具批判性的理解。吉鲁克斯（1987）写道：

> 必须强调的是，有关声音素养的批判性教学法必须注意到学生经验和声音之间的矛盾性质。正是在这种矛盾的基础上，充分考虑到学生的长处和弱点，他们的经验才能够被用以质询和分析。（p.20）

民主的教学法需要非判断性的辩证斗争，用以质疑所有想法和行动可能产生的影响和引起的后果。建立在理论和学生的现实世界经验之上的教学法概念，是思考如何将批判性媒体素养纳入任意一个内容领域或年级水平的重要组成部分（莫雷尔等，2013）。

21世纪的批判性媒体素养教学法，将对媒体表征、权力和意识形态的讨论整合到同一个课堂上，而不是将这些内容作为独立部分分别讲授。这不仅仅是教育技术，也不仅仅是教学计划集合；它是一种教学方法，发挥着指导教师和学生批判性地质疑所有信息、工具和想法的框架的作用。小学职前教师茱莉亚·西瑟尔

(Julia Hiser, 2012)在这门课程的反思中解释了批判性媒体素养教学法:

> 它为作为教师的我们提供了一个框架和工具锦囊,通过诸多手段将我们装备起来,使我们具备多种能力。这些能力包括教授耐人寻味且有相关性的素养,培养批判意识,通过创作赋权等。这一切都以形式与内容相匹配的方式进行。在这种方式下,教学法成为一面镜子,其中反映出我们正在教授的理念。

像美国大多数K—12公共教育项目一样,教师教育项目理所当然地受到来自希望私有化所有公共事物的人以及新自由主义政策的猛烈抨击。新自由主义政策主张的更严格的责任制,从而以经验数据来证明标准化—高风险的考试分数的有效性。弗洛雷斯-库利什(Flores-Koulish, 2006)认为,"美国公共教育'责任制运动'持续的时间越长,我们的教师就越缺乏机会,无法让学生投入创造性和原创性的思维"(p.239)。伴随对责任制和标准化实证主义概念的推动一同出现的,是"共核标准"。这套标准一方面限制并统一了要教授的内容;另一方面,也为进一步扩大对素养的理解打开大门。其中的"素养"整合了更多的技术工具和媒体,并且使学生获得"通过媒体制作和分析,成为有批判性的思想者"的能力。(莫尔和博尼拉,2014,p.7)在全国媒体素养教育协会(NAMLE)发布的关于共核标准和媒体素养的教育者指南中,莫尔和博尼拉认为"媒体素养教育……能够对共同核心州立标准中许多最具挑战性的目标形成支持"（p.1）。

教师扮演着榜样的角色，教师的媒体素养越高，在讨论流行文化、媒体和技术时，学生就越有可能看到成人模式的批判性思维。格茨、布朗和施瓦兹（2005）强调，在教师教育项目中教授媒体素养的一个重要原因是，"教师不能教授连他们自己都没有学会，也从未学会如何去评价的东西"（2005，p.161）。因此，要让教师准备好将批判性媒体素养带进课堂，教师本身就需要具备媒体素养；同时，还需要具备相应的框架和教学法，以引导学生批判性地提出问题，从而为他们所见、所听且每天都在用的那些消息，制作出可供选择的替代品。

# 第五章
## 环境正义即社会正义

在21世纪里，我们不仅见证了数字技术和全球互联指数的增长，也经历了全世界有史以来最炎热的高温天气："自现代记录开始以后最温暖的18个年份中，有17个出现在2001年以后。"（森古普塔，Sengupta，2018）。2018年的气候条件和极端天气事件削弱了一些人对气候变化的怀疑，迫使新闻媒体最终开始在报道中提及极端天气和气候变化之间的联系（林和潘沙，Lin & Panzar，2018；鲁宾，Rubin，2018）。这是一个十分重大的转变，因为即使在有记录以来最热的2016年，主要电视网络（ABC，CBS，NBC和Fox News）的报道中，涉及气候变化的报道时间仍比2015年少了66%（卡尔霍弗，Kalhoefer，2017）。这种减少导致全年有关气候变化报道的新闻时间总共只有50分钟。这一年中关于气候变化短短不到一小时的报道中，包括有记录以来最热的气温、巴黎气候协议的签署、众多恶劣天气事件，以及在一场重要总统选举活动中，候选人就环境问题发表反对意见。安东尼奥·洛佩兹（Antonio López, 2014）断言，"至关重要的是，大众媒体通过定义现状、为社会经济体系设置议程、定义思考内容以及反反复复强化文化信仰的不可持续，而发挥指导作用"（p.72）。媒体选择上传、发布、播出哪些内容，或选择不报道哪些内容，都会有重大的后果；当他们决定讲一个故事时，如何构建和解释故事也事关重大。

随着气候变化成为影响这个星球上生命的最大危机，我们看到企业和政治家们正在扭曲事实和情绪，制造对科学的怀疑并重新构造话语。新自由主义意识形态、不受管制的资本主义、泛滥的消费主义、耸人听闻的新闻报道以及石油燃料的开采和燃烧，正结合在一起创造一场足以改变所有事物的环境灾难（克莱恩，2014）。关于这些问题的媒体信息提供了一个理想的空间，学生可以在其中开展批判性分析，对假想、行动或不作为展开挑战。使用批判性媒体素养框架，教育工作者可以引导学生展开质疑，并创制他们自己有关环境正义和可持续性的媒体信息。

为了鼓励学生利用他们的批判性能力、想象力和创造力，去探索并应对气候变化，教育者需要打破纸面限制，释放超出环境边界的潜力。通过结合批判性媒体素养思想，我们能够提高学生阅读和写作所有类型的文本（电影、音乐、视频游戏、照片、社交媒体、书籍等）的技巧，加深他们对素质力量的理解，激发学生的创造精神，去对主流叙事中有关我们与自然世界关系的叙述展开学习和挑战。

随着手机和新型移动设备的普及和流行，年轻人每天都以多种方式，如发短信、写推文、贴标签、写博客、发Pin图、发即时信息、摄影、录播客和各种文本的分享，进行沟通和社交。重要的是，共核标准的介绍中，特别提到学生阅读和写作数码文本，以及"战略性并有能力地使用技术和数码媒体"的必要性（共同核心州立标准，2015，p.7）。根据国家环境教育和培训基金会2005年的一份报告，"儿童从媒体获得的环境信息（83%）比从任何其他来源获知的都要多"（科伊尔，Coyle，p.x）。由于社交媒体、智能手机和互联网已成为信息的主要传播者以及学生交流娱乐的第一选项，教师在课堂中，应该将这些工具和实际应用与支持批判性思维的理论及教学法结合起来。

在《绿化媒体教育：为媒体素养与绿色文化公民身份搭桥》中，洛佩兹（2014）解释道，在环境教育领域中，有很多人认为"媒体和技术是反自然的"，同时，"媒体素养的一般实践将生态视角边缘化"（p.1）。然而，事情并不一定非要这样。批判性媒体素养可以成为将信息传播技术与环境正义结合起来的重要框架。尽管媒体教育并不总是支持可持续的实践以及环境的视角，但批判性媒体素养却提供使教育更具变革性的潜力，因为它通过主流意识形态批评促进社会和环境正义。

教授学生批判性地思考他们所读、所听、所见和所创造的信息，需要理解这样一点，即在涵盖所有类型的信息和娱乐的21世纪里，"有文化"意味着什么。认识到技术和媒体给教育带来的潜力和局限性十分重要，特别是在拓展对环境问题的批判性参与方面。因为许多新自由主义的教育改革，支持使用技术和媒体来提高非批判性实践的效率和效果。电脑、相机和手机太过经常地被用作吸引人的新式工具，以让旧式教学实践*看起来*更好。然而，当通过批判性媒体素养教学法来看待媒体、技术和流行文化时，教育就具备变得真正重要且富有力量的更大潜能。

几十年来，非正式科学教育开展的视角一直带有缺陷，未能促进批判性思维。一种被称为公共科学理解方法（Public Understanding of Science，PUS）的单向传播模式，在教育公众关于气候变化的严重性方面并未见效（库珀，Cooper，2011）。公共科学理解方法正在让位于更符合批判性媒体素养的公众参与科学（Public Engagement in Science，PES）教育模式，因为它支持批判性思维和提问的探究模式。卡伦·库珀认为，"为了解气候变化，公众必须首先了解媒体"（p.235）。她写道：

> 科学教育工作必须有战略性，必须有勇气扩展，为公众提供批判性思维和媒体素养的技能，从而帮助人们认识到媒体构建的信息障碍物。这些障碍的目的是误导、混淆或使个人在涉及有关气候变化的对话时倾向于表现出冷漠或拒斥。（p.235）

虽然PES模式对更传统的"灌输式"教学法有所改进，但它没能让人们准备好询问信息；没能让人们对形成那些"想当然观念"的主导意识形态提出疑问；没能令人认识到媒体之类信息传递的中介物的影响；也没教人们看穿中立的神话，以辨识出支持商业性媒体的经济结构。通过使用批判性媒体素养框架中的概念性理解和问题，教育工作者可以指导学生分析媒体信息以及支持和影响这些信息的结构和系统。虽然通过电视、广播、手机和互联网访问的大部分商业媒体看起来是免费的，但重要的是，要认识到它们在经济上依赖于广告，相应地，广告则需要无休止的消费。我们的消费主义意识形态所要求的，正如利维斯和博伊斯（Lewis & Boyce，2009）所述，"需要承认广告在创造一系列文化条件中所扮演的角色，这些文化条件使我们更不愿去应对气候变化"（p.8）；不仅如此，我们还需要补充，这些文化条件也使我们更不愿去应对任何环境危机。娜奥米·克莱恩（2014）认为，我们必须通过"退行增长"这一减少方式，来改变消费经济体系。美国绿色和平组织执行主任安妮·伦纳德（Annie Leonard）认为有必要改变我们对消费和消费主义的依赖，因为这种依赖是不可持续的。她还呼吁提将会改变我们经济目标的转型解决方案。在《解决方案的故事》[1]这一在线视频中，伦纳德解释道：为了使系统真正转变，我们需要转换游戏方式。可以通过将目标从为了"更多"物质而工作，转变成为"更好"的解决办法努力。这将改善每一个人的生活质量（伦纳德、萨克斯和福克斯，Leonard, Sachs & Fox,

---

1　原书所附链接为：https://tinyurl.com/y7r2wo9m

2013)。

克莱恩(2014)断言,社会和环境正义彼此深刻相互依存:

> 气候时刻为所有事件提供了一个总体性叙事,从为好工作奋斗到为移民伸张正义,再到就奴隶制和殖民主义等历史性错误做出补偿。在为时已晚之前,以上所有都可以成为建设无毒害、抗打击经济这一宏伟计划的一部分。(p.154)

克莱恩并不认同把气候变化理解为一个单一问题,而是鼓励我们更应将它理解为一个框架。沿着这一框架,我们将看到殖民主义、帝国主义、资本主义和新自由主义在世界各地造成的所有问题,只会随气温上升而变得更糟。

多年来,美国环境问题一直被主流媒体描述为普遍性的弱项,似乎环境危险对每个人的影响都是同等的。这掩盖了一个事实,即低收入社区,尤其是有色人种社区,所受到的环境危害后果比中产阶级和上层社会区域严重得多。凯特·阿隆诺夫(Kate Aronoff, 2018)写道:"拜多年来对住房和基础设施等方面针对性投资的减少所赐,美国有色人种*更可能*住在燃煤电厂附近,遭受与之相关的健康方面的后果;同时,他们也生活在恶劣天气打击最严重的地方。"当我们再将年龄、阶级和种族等问题纳入考量时,气候变化后果影响的不平等就十分明显,贫穷的有色儿童在此刻被推上了前线。弗雷德里卡·佩鲁拉(Frederica Perera, 2016)报告称,"虽然空气污染和气候变化对健康的不利影响妨碍到我们所有人，但它们对儿童的损害最大，对发育中的胎儿和幼儿尤为危险。特别是那些社会经济地位低的孩子们，他们往往接触的污染最多，受到的保护最少"。对于居住在像马尔代夫等岛屿上的人来说，气候变化的影响更糟，海平面上升导致越来越频繁的洪水，并将整个国家都置于危险之中（伯格、科恩和申克，Berge, Cohen & Shenk, 2011）。学生们需要认识到，气候变化确实是影响每个人的问题，但其影响程度却并非平等的。

商业媒体经常重复的另一种说辞，是普遍责任的概念，即我们都对环境恶化负有同等责任的观点。尽管每个人都应当拥有改善环境的责任感和愿望这一点很重要，但同样重要的是，企业、政府、不可持续的经济行为和不公正的意识形态，要为它们所引发的大部分环境损害负担责任。在2018年8月1日的《纽约时报杂志》上，整本杂志刊载的是纳撒尼尔·里奇（Nathaniel Rich）的文章《失去地球：我们几乎阻止气候变化的十年》。这种对气候变化以及对相关议题的公众辩论和行动的深度分析，为表明探讨气候变化加剧的危险这一问题时与日俱增的批判意识，提供了一种很好的叙述。但文章却将责任机制归咎于个人，而未曾看到个人、公司、媒体、政府和社会运动之间复杂的相互作用。里奇没有揭示出，并非每个人都对我们现在所面临的危机负有同等责任。阿隆诺夫（Aronoff, 2018）则指出，里奇的文章并没有让化石燃料公司承担责任：

在这一点上，数字相当清楚：自1988年以来，仅仅100

家公司就造成了71%的排放量。根据乐施会（Oxfam）2015年的一项研究可知，占世界人口一半的最贫困群体，其排放量仅占总量的10%；而大约一半排放量则来自最富有的那10%的人口。就这一情况，应当谴责世界上对碳排放需求最迫切的公民们，例如那些经常乘飞机的人，但这却暗示了一幅比从前的Pogo漫画更微妙的画面："我们遇到了敌人，他就是我们自己。"

北半球国家向大气排放的二氧化碳远远多于目前正因全球变暖遭受最严重影响的国家。里奇提出，人性可能存在与生俱来的错误，这种暗示将经济结构、企业贪婪和系统性财富不平等的责任推到了全人类身上。里奇在结语中写道："我们可以相信技术和经济。而人性却更难以相信。"（p.66）

在1970年代环保运动的鼎盛时期，有一则经典的环保广告"哭泣的印第安人"，由名为"保持美利坚之美"（Keep America Beautiful，KAB）的组织创作。这则流行电视广告满是问题，从扮演美洲原住民的演员实际是意大利裔美国人，到赞助广告的组织其实更关注饮料和包装的销售，而不是环境变化。借由"人们开始污染，人们可以阻止"的口号，这则广告重塑美国的公共话语，将其从企业的环境破坏变为一场垃圾战役——所有美国人只需捡起他们的垃圾，就可以与环境污染对抗（唐纳薇，Dunaway,

2015）。教师们可以从YouTube[1]上下载这则广告，并让学生观看几次，之后再回答批判性媒体素养的六个问题。鼓励反复观看有助于构建深度阅读，从而发现最初往往被遗漏的元素，例如声音、编辑的影响，以及对哪些元素被遗漏了的思考。这也有助于学生通过考虑文本被制作、传播时的历史、文化和社会背景，以及我们所处的当代背景下的解读方式，来批判性地解读媒体。这则广告提供了一个例子，可以说明一个非营利组织能够在表面上提倡一些看来积极，实际经过巧妙处理的信息，同时却在逐渐暗中破坏真正的改变。KAB持续在教师教育会议和网上推广垃圾战役，却并未鼓励其企业成员改变不可持续的商业行为。

## 第一节 有关环境问题的新闻报道

关于科学问题的新闻报道常常受到商业新闻惯例的妨碍。本·戈尔达（Ben Goldacre）在他的畅销书《坏科学》（*Bad Science*，2009）中指出，大多数记者都毕业于人文学科，因此在数学和科学方法论以及内容方面所受的训练较少。"他们同样在那里赚钱、推销产品，并以最少的新闻努力廉价地填充页面。"（本·戈尔达，p.226）虽然许多记者做出过精彩的新闻调查，但不幸的是，商业新闻的经济结构创造出倾向于将利润置于新闻诚信之上的系统（麦克切斯尼，2004，2015）。随着媒体公司的合并和

---

[1] 原书所附链接为：http://tinyurl.com/cye6k5l

节约成本的措施对原创性报道所需资金和人员的削减，由出版机构和广播公司创作新闻稿以及视频新闻稿的做法越来越多，而署名的新闻越来越少（参见FAIR网上的许多例子）。[1]商业媒体经济模式的另一个问题是奇观文化，它倾向于制造轰动效应，而不是进行深入分析（凯尔纳，2003）。

媒体报道环境问题时的一个挑战，来自罗伯·尼克松（Rob Nixon，2013）所描述的"缓慢暴力"（slow violence）问题。许多新闻媒体和电影通过将一时轰动的瞬间视觉奇观变成戏剧性娱乐来吸引观众。然而，报道中却极少出现缓慢暴力的场面：

> 这既不壮观，也并非瞬间爆发，而是逐渐发生的，其灾难性影响将推迟到几年、几十年或几百年以后……由于栖息地遭到破坏，关于有毒物质积累、温室气体聚集和物种消失加速的故事也许都是灾难性的，但它们在科学上彼此交错交缠。在这些灾难中，伤亡通常被推迟到几代人以后才能显现出来。（尼克松，2011）

结果，有关气候变化的报道十分缺乏，这一点可以从CNN的报道分析中得到证明。在2015年气温打破历史记录的一周内，CNN播放的石油业广告比气候变化方面的报道多五倍（卡尔霍弗，Kalhoefer，2016）。尼克松（2013）指出，在贫穷的南半球国家，

---

1　原书所附链接为：https://fair.org/

媒体缺乏对"缓慢暴力"的报道这一情况尤其明显。比如厄瓜多尔，那里几乎没有关于石油钻探的规定，即使有也几近于无；又如巴西修建的一座大坝导致4万多名居民流离失所，200平方英里的森林被淹没——而这进一步加剧了巴西的森林砍伐。而这些情况都未得到足够的媒体报道。

媒体对气候变化的报道不足，当气候在主流媒体上出现时，往往会引起轰动和争议。研究人员雷瑟维茨和史密斯（Leiserowitz & Smith，2017）调查了人们针对"气候变化"和"全球变暖"两个词的联想，并做出报道：

> 其中一个最重要的发现是以往没有发现的——几乎没有受访者将全球变暖与对人类健康的影响联系起来。相反，全球变暖被解释为一种风险，它在很大程度上影响着时空方面都十分遥远的、非人类的自然界（例如冰川和北极熊），而与大多数人的日常担忧无关……

这表明许多人仍然认为气候变化是一个对他们没有影响的遥远问题，因此也就使之更容易被忽视。商业媒体上的信息极少能对理解气候变化的复杂性有所帮助，因此也不能激励人们去关心气候问题并采取行动。通过对美国广播公司、哥伦比亚广播公司、美国全国广播公司和福克斯等公司报道气候变化的电视新闻进行分析，会发现它们的新闻报道中只有146分钟分配给气候变化。巴黎气候峰会、美国环保署的清洁能源计划、教皇弗朗西斯的教皇通论以及其他2015年有关极端天气事件的故事中,几乎没有提到对国家安全、健康或经济增长的影响,即便有也几近于无(美国媒体事务,2016)。大多数报道提供一种虚假的平衡,将相关议题框定为有待商榷的或有争议的。不同媒体对气候变化的报道程度也存在很大差异。通过对2000年至2015年间,《华盛顿邮报》《华尔街日报》《纽约时报》《今日美国》和《洛杉矶时报》报道气候变化的内容进行分析发现,《华尔街日报》和《今日美国》的报道始终很少或显得无足轻重,而《纽约时报》和《洛杉矶时报》上的报道要多得多,特别是在2007年到2010年间,其次则是2015年的报道(戴利等,Daly et al.,2015)。

菲尼斯·唐纳薇(Finis Dunaway,2015)写道:"然而,即使媒体报道让公众看到了环境危机,它们也往往掩盖其系统性的原因,忽视了结构性的不平等。"(p.2)学生可以对当前的媒体报道展开自己的调查。他们可以通过统计有关气候变化的文章和新闻广播的数量开展定量研究,也可以通过对报道中的偏见和结构进行评价来展开定性研究。"公平与准确报道"(FAIR)是一个非营利组织,在它发表的文章及其播客CounterSpin中,定期公布有关媒体新闻报道的评论,这提供了具体的例子,能够帮助学生通过批判性视角研究新闻报道。

有些新闻媒体和政客仍在质疑气候变化的科学性,这一事实使得对有媒体素养的民众的需求比以往任何时候都更必要。虽然科学界在几十年前在这方面就已有定论,但商业媒体上的流行话语很大程度上受到从化石燃料行业获得巨额资金资助的公关公司的影响（奥雷斯克斯和康威，2010）。对于受到这种欺骗性影响的学生来说，有很多资源可资利用，从而对那些持否认气候问题论调的人展开批评，并对大量科学证据进行交叉分析。同样也有资源为教师指导学生批判性地分析新闻提供支持，例如：LookSharp项目（2010）的"全球变暖的媒体建设：媒体素养课程包"，国家科学教育中心网站的"应对否认"（Dealing with Denial）资源[1]，以及"科学信任追踪器"[2]。

考虑到化石燃料行业掩饰其不利影响信息的历史，学生采取批判的立场是至关重要的。从20世纪70年代开始，化石燃料行业发起一场公关运动，对连这些公司自己的科学家所发出的，关于排放影响的警告都进行封口或审查；并为那些否认气候变化是由人为引起的科学家提供支持（奥雷斯克斯和康威，2010）。他们还游说国会和州议员，反对增加对可替代清洁能源的补贴，并反对"公民气候游说团"所提出的对碳排放收费或征税的提案。[3]

2016年，唐纳德·特朗普一入主白宫，政府官员就已经着手改变说法，并将重要环境信息从联邦网站上删除。"气候变化"和"温室气体"一词经常被删除，或替换为"可持续性"和"排放"（《环境数据和治理倡议》，Environmental Data and Governance Initiative，以下简称"EDGI"，2018，p.3）。网页和数据链接被删除或隐藏，这使得访问有关气候变化、环境研究和奥巴马政

---

[1] 原书所附链接为：http://tinyw.in/BDkI
[2] 原书所附链接为：http://tinyw.in/meMw
[3] 原书所附链接为：http://citizensclimatelobby.org

府"清洁能源计划"的信息变得更加困难（达文波特，Davenport，2018）。根据《环境数据和治理倡议》(2018）的一份报告：

> 需要强调的是，迄今为止，EDGI网站监测尚未发现在特朗普政府期间，联邦网站上的气候数据集遭到移除或下线。相反我们发现，在一系列联邦机构的网站上，是否以及如何讨论有关气候变化的议题，为缓解气候问题并适应其后果付出的努力，都出现了重大的转变。或许最重要的是，我们发现公众获取气候变化信息的渠道和方式严重地缺失了。(p.8)

北极研究人员维多利亚·赫尔曼（Victoria Herrmann，2017）认为，北极永久冻土融化的统计数据信息与美国污染最严重企业地图信息之间的链接消失了，"对科学证据获取的限制，削弱了我们做出良好政策决定的能力"。联邦网站的这些变化引起世界各地众多科学家、档案管理员和黑客的关注，并促使他们组织黑客马拉松，"以从EPA、NASA、国家海洋和大气管理局以及美国地质调查局网站上获取信息"（汉森，Hansen，2017）。像数据难民（DataRefuge）和EDGI等组织以及相关人士，始终在向大学服务器和互联网档案馆[1]上传这些数据。EDGI研究人员摩根·柯里和布里特·帕里斯（Morgan Currie & Britt Paris，2018）解释了"与气候相关的信息变得更难获取的四种方式……（1）文件很难找到；

---

[1] 原书所附链接为：https://archive.org/index.php

(2)网页被埋藏;(3)语言被改变;(4)科学被噤声"。对信息获取的控制正在危及民主的基本要求、基于共识的科学进步,以及这个星球上生命的未来。对档案知识的学习以及信息获取技能,已经成为学生在数字时代需要的新的能力素养。

2017年,保守派智库哈特兰研究所(Heartland Institute)主动向美国各地科学教师发送了30万册关于气候变化的、满是错误信息的书。这本名为《为什么科学家们不同意全球变暖》的135页书籍及其附带的DVD,充满了误导性主张、逻辑谬误,以及精心挑选的、主要基于他们自己人的观点进行引用的数据(凯利,Kelly,2017)。自然科学教授科特·施塔格(Curt Stager,2017)解释道:"这本书是其作者的非科学性的宣传,与哈特兰研究所的虚假信息机制有关。"像这样主要针对学校教师的策略性的宣传活动,由与化石燃料行业有关联的保守派智库资助。一次强大的批判性媒体素养行动可以让学生使用六个批判性媒体素养的问题,将哈特兰研究所的出版物与古生物研究所同时出版的《有关气候变化情况的教师友好指南》(扎贝尔、达根-哈斯和罗斯,Zabel,Duggan-Haas & Ross,2017)进行比较和对比。这个活动既可以帮助学生了解气候变化的重要性,也可以培养他们分析信息的批判性思维能力。重要的是,这项调查不仅要超越两种不同观点,而是要调查宣传是如何通过选择和构建事实、语言和来源来引导受众的思维和信仰的。

## 第二节　假新闻与气候变化

最近社会上对"假新闻"的兴趣，可能是学生对媒体进行批判性思考的机会。但这也可能是一种危险的阴谋，以至于让公众误以为，与"真实新闻"形成对比的，只有"假新闻"一种。这种错误的二分法倾向于认定"假新闻"是坏消息，而"真实新闻"是我们不需要质疑的东西，因为它是事实、客观和毫无疑问的全部真相。在这两个极端之间，存在很多复杂因素，并且需要批判性地参与所有的信息、沟通以及娱乐。

"假新闻"一词在2016年美国大选期间流行起来，当时它被用来描述病毒般迅速传播的骗局。人们为了政治和（或）经济利益而编造和传播这些报道，例如虚构的"披萨门事件"以及虚假的教皇为候选人特朗普背书的消息。《纽约时报》称假新闻是"一个用以描述不真实故事的新词"，他们认为自2016年以后，假新闻这个词已被"用来特指那些令人不快的新闻"（恩伯尔，Ember，2017）。尼尔·加布勒（Neal Gabler，2016）在《普通的梦想》（*Common Dreams*）一书中进行了更具批判性的分析，他认为假新闻是对真相的攻击，其目的是"彻底摧毁真相，让我们在一个没有事实的信仰世界里漂泊，这个世界对谎言毫无防备"。重要的是，要考虑谁将从科学和事实可以被任意解读的后真相时代受益。在无须对事实或证据负责的情况下，控制无线电波和算法的人很可能会将最符合他们利益的那些信息定义为现实和真相。

"假新闻"和"替代性事实"在对可观察事实的理解中，以及对那些必须了解科学证据的议题来说，可能是毁灭性的。例如以人类为中心的气候变化就是这类议题之一。几十年来，科学家们的数据、事实和证据表明，人为排放的二氧化碳正在使我们的星球温度上升。然而，一小群掌权的个体，已经通过提出无视科学证据的、毫无根据的主张，成功引发了公众的怀疑。正如纳奥米·奥雷斯克斯和埃里克·康威（2010）在他们的书《贩卖怀疑的商人》(Merchants of Doubt)中所描述的那样，这种关于争议和不确定性的错误概念，不仅仅是谬误的信息，它实际上是一场精心组织的贬低信息的活动。当美国总统发表有明显错误且完全未经证实的声明（如人群规模、非法投票、窃听以及否认气候变化）时，他挑战了法治所赖以生存的土壤，即真理和诚实的力量。一旦媒体对这些谎言进行批量复制和散播，它们对民主的关键性基础的破坏行为就难辞其咎。如果对这些行为不加以制止，而是任其继续，只会使得掌权者选择最符合其政治和经济利益的真相版本，从而使他们获益。

被商业媒体、社交媒体以及如今的政府资助媒体一再重复的最危险的"假新闻"，是否认人为造成的气候变化。化石燃料公司已经花费数十亿美元购买世界各地的石油和天然气开采权。如果这种情况被允许继续下去，它将会对我们的星球造成毁灭性打击。随着各国转向可再生能源，如果这些价值数十亿美元的公司不调整其做法，它们将蒙受巨额损失。然而，尽管化石燃料的开采和燃烧已被证明是全球变暖的主要原因，这些公司在向更清洁的可再生能源转换方面的花费却比较少。它们将更多花费投在让人们相信气候变化是虚假的企图上。这种对真理的挑战至关重要，它决定了人类文明的命运。

因此，我们呼吁教育部门将批判性媒体素养教育的义务作为一种重要的工具，以使学生能够批判性地质疑媒体和主流意识形态，例如不受管制的资本主义、过度消费、对化石燃料的依赖以及人类对自然的掠夺式开采。各个年级的学生都可通过访问多个来源、交叉分析不同数据，在事实、证据和研究的基础上做出明智决定，从而寻找真相。批判性媒体素养可以帮助教育工作者和学生透过"假新闻"和"另类事实"的烟幕，了解气候变化的真相，并在为时已晚之前采取行动。

## 第三节 创建媒体，挑战问题

虽然社交媒体和新技术常常在制造问题方面难辞其咎，但重要的是必须记住，它们也可以成为我们用以创造解决方案的工具。约翰·奥利弗（John Oliver，2014）以幽默和政治讽刺，来挑战商业媒体将气候变化框定为两个对立立场之间的平等辩论的有问题做法。通过他自己"在数学意义上有代表性的气候变化辩论"[1]的节目内容，来挑战商业媒体报道中实际的不均衡。在一集《上周今夜秀》中，奥利弗邀请了3位否认气候变化的人与97位科学家辩论，并可视化地证明了报道比例不相称的问题。英国广播公司

---

[1] 原书所附链接为：https://tinyurl.com/k5uslqx

（BBC）2018年向其记者发布如何报道气候变化的指导方针，解决了报道气候变化时的"虚假平衡"问题。BBC的政策规定："为了公正，你不需要在给BBC的报道中涵盖彻底否认气候变化的人，就像你不需要什么人来否认曼联上周六2∶0的获胜一样——裁判已经说了。"（罗萨内，Rosane，2018）

2016年里约热内卢夏季奥运会期间，埃克森美孚石油公司播放了一则具有欺骗性的电视广告，描绘一家有环保意识的公司"以负责任的方式为世界提供动力"[1]。为回应埃克森美孚公司这种对形象进行"洗绿"的企图，"气候真相"[2]制作出一个戏仿视频，通过将与原广告相同的音乐和风格与附加文本重新混合，对他们所声称的环境责任展开挑战，从而揭露埃克森美孚的虚伪[3]。与学生分享这两个短片，能强有力地促使青少年批判性地分析有关环境的媒体信息，以及化石燃料公司在引发气候变化问题时所扮演的角色。"气候真相"的视频也可以成为一个很好的例子，说明学生本人如何成为广告克星并创建自己的媒体，来挑战产业和政府歪曲时事，在环境问题方面进行美化，企图误导公众否认人类行为导致气候变化的科学判断。

---

1 原书所附链接为：https://tinyurl.com/j5lmm2x
2 原书所附网站为：ClimateTruth.org
3 原书所附链接为：https:// tinyurl.com/yd92h3no

### 第四节 视觉图像的力量

1968年,一张来自黑暗太空的照片展示了蓝色的地球从月球上方升起。这张照片为环保运动注入活力。而石油泄漏导致小鸟身上沾满焦油,浮冰上的海豹宝宝被乱棒打死之类的画面使公众出离愤怒,激起人们的情绪反应。即使只是短短一瞬,这些照片也以一种只有图像才能做到的方式,牵动人们的心弦。观看这些图片不同程度上影响了人们的态度和行动意愿。洪水鸟瞰图一类显示气候变化影响的图像,使许多人相信气候变化问题是重要的(奥尼尔、博伊考夫、尼梅耶和达伊,O'Neill, Boykoff, Niemeyer, & Day, 2013)。与此同时,这些图像实际上也削弱了一些人应对气候变化的自我效能感;而其他一些构想能源未来的图像则增强了人们乐观和赋权的感受。

教师们可以在互联网上找到许多有关气候变化的图片和视觉表征[1]。学生如今可以通过各种渠道查看气候变化的视觉效果,例如詹姆斯·巴洛格(James Balog)的延时摄影作品。这些延时摄影作品展示并讨论巴洛格《极地冰川调查》(2009)的结果,从巴洛格的TED[2]在线演讲以及纪录片《追冰》(佩塞门、阿伦森和奥洛夫斯基,Pesemen, Aronson & Orlowski, 2012)中,可以看到延时摄影内容。NASA提供了几部在线电影和互动工具,它们可以

---

1 原书所附链接为:见http://climatechangeela.pbworks.com
2 TED:是Technology, Entertainment, Design的缩写,指美国一家私有非营利机构。该机构以组织"TED大会"而知名,其宗旨是"思想改变一切"(Ideas Change Everything)。

直观地展示气候变化的影响，例如《气候时光机》(Climate Time Machine)、《全球冰层勘探者》(Global Ice Viewer)、《关于变化的图像》(Images of Change)、《地球之眼3D》(Eyes on the Earth 3D)，以及其他允许用户通过移动光标查看地球时间性变化的程序。"气候真实项目"[1]提供信息图，通过图像和少量文字简化复杂的想法，这使之成为英语学习者和所有视觉学习者的优秀工具（《讲故事：气候变化的八大信息图》）[2]。

一个教授学生阅读视觉图像的最好的方法，就是将创建视觉图像和教授批判性视觉素养同时进行（凯尔纳，2002）。制作过程可以成为学生展示他们对环境正义的理解，并与他人分享自身所担忧问题的理想方法。有很多网站，例如Piktochart或Glogster[3]，能够帮助学生制作自己的信息图和视觉思维地图。教育技术和移动学习网站列出了18个制作思维导图的免费程序[4]。

## 第五节 费朵拉·斯库勒（Fedora Schooler），中学英语/社会研究教师

在东洛杉矶七年级英语/社会研究课上，费朵拉·斯库勒开设了一个为期8周的，将批判性媒体素养与气候变化相结合的教学单

---

1 原书所附链接为：http://tinyw.in/orCD
2 原书所附链接为：http://tinyurl.com/hokjbhf
3 原书所附链接为：Piktochart, http://piktochart.com；Glogster, http://tinyw.in/h4Xr
4 原书所附链接为：http://tinyurl.com/7luyqeb

元。她首先给学生播放了一个由BBC（琼斯，2008年）制作的"飞行企鹅"的恶作剧。飞行的企鹅看起来非常真实，并且是在纪录片这种类型的媒体中播出的。因此，大多数学生没有质疑其真实性，开始相信企鹅会飞。然而，一旦他们看到这部片子的背景故事，即BBC如何伪造飞行企鹅图像，并制造恶作剧（BBC，2008年）时，他们以前相信企鹅不能飞的想法又回来了。一位学生惊呼："在一分钟内，我们就相信了某件事是事实，然后通过一个视频，我们又改变了主意。"这项活动激发学生开始对媒体操纵的潜力感兴趣，以及再也不要上当的愿望。

斯库勒教她的学生批判性媒体素养，并让他们练习使用关键问题以支持概念性理解。学生观看了电影 Wall-E（Morris & Stanton，2008），并运用批判性媒体素养的问题，从多个角度对电影进行分析。斯库勒解释说："当你运用这些问题时，你需要给他们提供众多的机会，以让他们在不同媒体中练习使用这些问题。"她还给学生布置了一项家庭作业，要求他们在观看商业广告或其他类型的媒体时去使用这些问题。

为了了解有关气候变化的科学事实，学生们阅读信息文本并观看了以下视频：莱昂纳多·迪卡普里奥2016年的奥斯卡获奖感言、巴洛格（2009）的TED演讲《极地冰川流失的延时摄影》《科学达人比尔·奈》（Bill Nye the Science Guy）和一部头脑风暴的动画片。他们还在学校的科学课本上对有关气候变化的信息文本进行注释，然后重新阅读它以创建康奈尔笔记。为了组织信息，他们使用思维导图，如复合流程图（用于因果关系）、树状图（用于分类）以及气泡图（用于描述）。在对科学有所了解之后，斯库勒让她的学生制作环境正义的海报，在一张有图像和简明文字的纸上传达出有关气候变化的信息。为了在进行文字、图像选择和海报设计中做出恰当决定，学生们在整个创作过程中都以批判性媒体素养的问题作为参考。

为鼓励学生合作并讨论他们的想法，斯库勒将她的班级分成几个小组，阅读不同的图画书，并观看涉及环境问题的不同媒体。她有一个水平参差不齐的混合阅读组，其中一些能力级别较低的孩子还在为阅读而挣扎，无法解码和（或）理解相应年级水平的文本。通过使用高质量图画书和多媒体文本（如口语视频、电视广告、在线艺术展、动画等），所有学生都能够批判性地反思并充分地参与讨论。在批判地分析了各种文本的内容和媒介之后，学生们穿上演出服，使用语言艺术中的话术技巧，为他们的书籍和故事片进行口头广告推销。

斯库勒通过让学生阅读罗伯特·弗罗斯特的《少有人走过的路》（*The Road Less Traveled*），将这一单元与诗歌结合起来。他们讨论诗歌的要素，并考虑了这首诗如何与他们关于气候变化的话题相关联。学生们在二者间建立起个性化的联系，比如提出："现在我们正处于必须做出决定的道路上。我们是应该对阻止气候变化有所帮助，还是继续燃烧化石燃料、砍伐树木，直到我们毁掉整个环境？"

在最终的结课项目中，学生小组选择他们最感兴趣的各种环境问题，并合作创建一个结合图像和文字的媒体产品，以便将他们的信息展示给同龄人。这门课基于学生们能想到的所有图文结合的不同项目,生成了一个大型媒体项目清单:食品包装、海报、电影、动画、T恤和菜单等。一个团体将能多益(Nutella)的食品包装重新利用,以强调公司利用棕榈油生产能多益时造成的森林砍伐问题。他们创造了一种新的包装标签,上面有关于企业种植棕榈油对印尼森林的环境影响的信息。有一组学生制作出一件T恤,另一组制作了一张海报,以强调全球变暖问题和化石燃料在加速气候变化方面的作用。有一个小组调查了密歇根州弗林特市水的铅污染和洛杉矶水中的氨问题,并创作出连环漫画。斯库勒反映:

> 在本单元中,我的学生意识到媒体操纵的可能性,以及如何更好地认识和分析媒体对他们生活的影响。通过研究气候变化,他们了解到自己的行为对世界有影响,媒体也可以用来积极地推动世界的变化。

## 第六节　尼克·凯洛(Nick Kello),小学音乐教师

在加州大学洛杉矶分校(UCLA)实验学校,音乐老师尼克·凯洛(Nick Kello)向所有3—6年级的学生讲授了一个有关气候变化和音乐的单元,以帮助他们理解音乐在社会运动中扮演的角色,以及今后音乐将如何持续发挥作用,尤其是在环境问题中。凯洛围绕一个指导性问题组织教学单元,这个问题是:"在不同人

类社会与其自然环境相关联方面,音乐能告诉我们些什么?"通过让学生关注这一问题,凯洛将音乐作为透镜,用以理解人与自然之间的关系。他以大声朗读《鹰哥哥,天空姐姐》(*Brother Eagle, Sister Sky*)开头。在这本书中,苏珊·杰弗斯(Susan Jeffers)对西雅图酋长(Chief Seattle)在19世纪50年代做出的著名宣言[1]进行了改编。

虽然有关西雅图酋长所说的实际词语仍然存在争议,但这些文献为凯洛的学生提供了一个切入点。他们可以由此反思人类与自然的关系,并质疑学生目前所持的与土地、水和天空相关联的想法。凯洛让他的学生们倾听来自圣巴巴拉市的当代丘马什人音乐,并欣赏亚利桑那州霍皮人的蛇舞仪式,从而以不同的角度思考北美洲原住民的观点。学生们分析了音色属性、歌词含义以及音乐中的仪式性元素。凯洛经常回到他的指导性问题,带领学生通过艺术、音乐和仪式来回顾北美洲原住民与自然的关系。

凯洛介绍的另一个流派是民间音乐。他让学生听伍迪·格思里(Woody Guthrie)的经典歌曲《这片土地是你的土地》(*This Land is Your Land*)的不同版本。学生们分析这首歌各版本的歌词、目的和用途,并探索音乐被用来讲述故事以及质疑人与自然

---

[1] 西雅图酋长(Chief Seattle,约1786—1866)的著名演讲,是指19世纪50年代印第安部落领袖西雅图对美国政府提出的购买他部族土地的回应,表达了原住民对大自然的敬爱与敬重,展示了与白人之间的文化差异。虽然该演讲的不同版本在时间、地点、措辞等方面有较多争议,但它仍然对现代社会的环境保护、社会正义等多项议题发挥着影响力。——译者注

关系的方式。在其中一段歌词中，格思里唱道："麦田在摇摆，尘雾在翻滚"，这制造出一个检视美国沙尘暴历史背景的机会。凯洛给学生们播放了肯·伯恩斯（Ken Burns，2012）的纪录片《沙尘暴》（*The Dust Bowl*，可在PBS上观看）片段。学生们了解了美国历史上最严重的人为灾难之一，并能将1930年代的贪婪、干旱与当今气候变化的原因和影响联系起来。凯洛使用伍迪·格思里的音乐以及以下歌曲，帮助学生探索昭昭天命（manifest destiny）、工业革命以及人类与自然的关系：乔尼·米切尔（Joni Mitchell）的《黄色大出租车》（*Big Yellow Taxi*），凯特·史蒂文斯（Cat Stevens）的《孩子们在哪玩？》（*Where do the Children Play?*）和马文·盖伊（Marvin Gaye）的《可怜可怜我（生态版）》（*Mercy, Mercy Me*）。

　　凯洛此前曾与学生一起了解各种抗议歌曲。在这个单元里，他们专注于环境类的歌曲和问题。学生们观看了有关气候变化的新闻剪辑和《海岛总统》的电影预告片[1]，以了解气候变化问题对每个人的影响如何并不相同。学生们了解了密歇根州弗林特市的水危机，甚至知道了洛杉矶市中心的水污染问题。学生还讨论了针对气候变化的否认以及美国对气候变化的态度；对比了美国一些政客仍然质疑气候变化的真相，而世界上大多数人已接受了气候变化的科学事实。在讨论科学和政治之后，凯洛向学生展示了歌曲和音乐被用于社会运动以提出问题并使人们团结的例子。凯洛解释说，制作音乐的行为本身就与个人主义背道而驰：

---

1　原书所附链接为：http://theislandpresident.com/

音乐天然具备固有的社会性，将音乐用于娱乐的想法是一种社会建构。在音乐史中，它一直与社会仪式、典礼或事件联系在一起，而并非孤立活动。音乐让人们走到一起；它在本质上是参与性的，人们一起跳舞、踢踏、唱歌。它使单一的体验变成能让人们一起分享的体验。它将人们的思想、感情和行动在同一时间结合起来。音乐能成为一种建立社区和促进团结的情感体验。

为了帮助学生们理解音乐的各个方面是如何让受众以某种特定方式进行思考和感受的，凯洛为学生们播放来自《乐高电影》（The Lego Movie，2014）的流行主题曲《一切都很棒》（Everything is Awesome）。他首先让学生听这首歌，并在黑板上提出问题供他们考虑："这首歌有什么样的情感性，使用了什么乐器，这与气候变化有什么关系？"由于缺乏与歌曲和气候变化的关系相关的背景知识，学生们非常好奇地想发现其中的联系。凯洛又为他们播放了由绿色和平组织制作的音乐视频[1]。该视频使用同一首歌，放慢速度、改编和声，背景画面是一片纯净的乐高北极玩具模型逐渐被黑色石油覆盖——直到最后，一切都被黑油埋没，只剩壳牌旗帜仍飘扬在这堆污物上方。这首歌及其视频是一场政治运动的一部分，其目的是向乐高玩具公司施压，要求其断绝与壳牌石油公司

---

1 原书所附链接为：https://www.youtube.com/watch?v=CM_HFLIsaKo

的关系。正如最后一句口号所说："壳牌正在污染我们孩子的想象力。告诉乐高，终止与壳牌的合作。"凯洛解释道，当学生们观看绿色和平组织的视频时：

> 他们被深深震撼了。他们想要一遍又一遍地观看。这一作品是如此有力。我们谈到其中的音画如何完全改变、大调和弦被小调和弦取代、节奏放慢但歌词保持不变，这就造成歌词、视频中的意象和音乐情感基调之间的认知失调。

绿色和平组织的视频旨在断绝壳牌石油公司与乐高玩具之间长达数十年的伙伴关系。凯洛向学生们展示了一篇报纸上关于北极开采的文章，以及一套1970年代的乐高积木，上面有一个壳牌加油站。他们讨论了这种伙伴关系的影响以及在北极钻探石油的危险。学生们为绿色和平组织使用流行歌曲对抗气候变化的方式感到着迷，所以当凯洛最终告诉他们，绿色和平组织的视频是如何被成千上万人看到，并的的确确促使乐高积木结束与壳牌石油的伙伴关系时（彼得罗夫，Petroff，2014），每个班的学生都欢呼雀跃。这是一堂强有力的课程，很好地引导学生创作他们自己的气候变化歌曲。他们受到了启发，因为这堂课给了他们证明音乐确实能够产生影响的证据。

为了向学生展示一个同龄人使用音乐挑战气候变化问题的例子，凯洛播放了里尔·佩皮（Lil Peppi）的生态说唱嘻哈视频《融化的冰》(Melting Ice)(霍普金斯，Hopkins，2009)[1]。在让学生了解到音乐的力量对于社会变化和气候转变问题的影响之后，凯洛让他们变身音乐制作人，并共同创作自己的歌曲以挑战气候变化。凯洛回顾他们在整个单元中讨论过的所有关于气候变化的问题，并列出这些问题，以便提醒他们可以在歌曲中包含的内容。他们还谈到了环境问题的解决方案，学生们喜欢欣赏普林斯·埃亚（Prince Ea）的音乐视频，尤其是《人与地球》(Man vs Earth)[2]，其中总结了重新造林的建议，以及人们应对气候变化切实可行的方法。凯洛在音乐课上教授的课程，与学生在其他课程中学习的内容很好地融合在一起，尤其是他们在语言艺术课上进行的诗歌写作。当孩子们开始写歌词时，凯洛指出这与写诗之间的相似之处。

在写作他们的歌曲时，学生们首先必须分成每两人一组，先写两行诗句。这两行诗歌必须押韵，并符合特定的音节数量。然后两对组合成四人小组，互相评论对方的诗行，创作出一首四行诗。他们一字一句反复写作。下面是一个来自三年级学生小组的例子：

> 温室气体玷污天空，
> 大海平面日益飙升，
> 人类砍倒太多树木，

---

1 原书所附链接为：http://tinyurl.com/hc4cbjx
2 原书所附链接为：http://tinyurl.com/za3c2og

鸟和蜜蜂已无活路。

凯洛把这些歌词打出来让每个班评论，他们民主地选择了十首诗歌和一首合唱。他们以一组歌词结束，凯洛从网上下载了一些免费说唱节奏。他谈到对开源免费节拍的运用，并让学生选择最能引起他们共鸣的拍子。他们练习跟着拍子说唱歌词，然后录制他们的最终作品。另外，他们还讨论如何处理这些录音。学年结束时时间不够，所以学生们决定第二年继续做这个。他们对于将自己的歌曲公之于众兴致勃勃，并与市长、总统、朋友和家人分享自己的音乐。

结合音乐和听觉文本来处理环境和社会正义问题的方法，在吸引那些经常感觉无聊或感到被传统教学实践排斥在外的学生来说，具有巨大的潜力。有一些歌曲，如《对地球的爱之歌》(*Love Song to the Earth*)（盖德、肖克斯、贝丁菲尔德和保罗，Gad, Shanks, Bedingfield & Paul，2015）聚集起一些著名的歌手，他们直接面对气候变化问题，并为学生提供一种在音乐上倾向于联系环境问题的，更有意义的方式。至于年轻人创作的音乐，可以看13岁的原住民权利活动家秀特兹卡特·马丁内斯（Xiuhtezcatl Martinez）表演的关于气候变化的嘻哈音乐视频[1]。学生可以就他们的回答展开讨论，并对气候变化运动中使用或可能使用的歌曲[2]进

---

1　原书所附链接为：http://tinyw.in/qBbD
2　原书所附链接为：http://tinyw.in/nKcG

行分析[1]。

学生们还可以收听播客，如"英联邦俱乐部气候一号"播客[2]，它以嘉宾讨论与气候变化有关的各种问题为特色。通过集体合作，学生可以创建播客，以便让他们的声音被听到，并提供反向故事，去挑战主流叙事中的种族、阶级、性别、性取向，或是任何他们认为受到主流叙事歪曲或低估的主题（贝尔，2010）。他们还可以提交自己的"气候变化故事"[3]，以便在由"耶鲁气候传播项目"所制作的"气候关联"广播节目[4]中播出。

### 第七节 利用数字媒体参与公民社会

虽然人们可能通过印刷或电视新闻媒体获取有关气候变化的信息，但年轻人更倾向于通过Twitter、Instagram和YouTube等在线社交媒体获取新闻（安德森和江，2018；纽曼、弗莱彻、列维和尼尔森，Newman, Fletcher, Levy & Nielsen, 2016）。鉴于社交媒体在分享信息和想法方面的热度，学生可以使用社交媒体平台来交流他们对气候变化的看法。通过使用Twitter，Facebook，Snapchat，Pinterest及其他平台，学生们可以分享带有标签的故事和视频，描述他们为促进可持续发展所做的具体行动。

---

1 原书所附链接为：例如 http://tinyw.in/w91F
2 原书所附链接为：http://tinyw.in/y9V1
3 原书所附链接为：http://tinyw.in/lmmA
4 原书所附链接为：http://tinyw.in/WNsu

青年人越来越倾向于借由数字媒体表达他们对问题的看法，正如《通过一切必要媒体：新青年行动主义》(*By Any Media Necessary: The New Youth Activism*)（詹金斯、施瓦斯塔瓦、甘伯-汤普森、克里格勒-维伦奇和齐默尔曼，Jenkins, Shresthova, Gamber-Thompson, Kligler-Vilenchi & Zimmerman, 2016），以及帕克兰德·佛罗里达（Parkland Florida）及其学生戴维和劳伦·霍格（David & Lauren Hogg, 2018）[1]的书《#永不重复：新一代划定界限》(*#Never Again A New Generation Draws the Line*)中所记录的那样。《数字和媒体素养杂志》(*Digital and Media Literacy*)[2]的报告表明，学生在参与式文化中通过使用社交媒体学习的技能，是他们参与政治活动和集体行动主义的潜在资源和策略（詹金斯等，2016）。

信息传播技术为青年和成年人提供联系、组织和采取行动的机会，用以对抗无视和（或）否认气候科学现实的商业媒体和政治家。教育工作者可以成为这项工作的关键参与者，教学生如何使用素养和技术对词语和世界进行阅读和书写。

教育工作者可以利用概念性理解和问题的批判性媒体素养框架，鼓励学生就他们在周围媒体中听到和看到的信息提出批判性问题。批判性媒体素养是一个探究过程，适用于我们生活的方方面面。因为我们生活在这样一个中介化的社会中，公共话语总是

---

[1] 帕克兰·弗罗里达的学生戴维和劳伦·霍格都是青少年活动家，曾因其学校发生枪击案，成立了一个防止未来校园枪击事件的组织，成为枪支管制的倡导者。——译者注

[2] 原书所附链接为：http://www.jodml.org

反映意识形态的价值观和观点。我们必须帮助学生质疑并回应过度消费、有毒的父权制和野蛮资本主义意识形态所支撑的信息、体系和结构。这些意识形态使我们赖以生存的生命力处于危险之中。

所有科目的教师都可以通过对流行文化和当下事件的参与，使他们的教学内容更有意义和相关性。将电影、电视、音乐、社交媒体、新闻报道、视频游戏、照片和所有类型的媒体结合起来，可以使课堂对我们成长于媒体饱和环境中的学生更具吸引力。然而，仅仅使用更多媒体是不够的。随着公众对信息娱乐以及"另类事实"的媒体奇观越来越司空见惯，教育工作者需要引导学生批判性地思考信息和娱乐，分析其结构并评估其效果。批判性媒体素养可以成为一种理想的教学法，以在教师和学生努力理解信息并创建自己的另类媒体时提供支持。教师和学生制作的另类媒体意在挑战神话并支持真相。

如今，学生具备能够分辨事实与宣传的眼光，有能力利用各种媒体来促进可持续的实践和首要事项，以保护每个人的未来。

# 第六章
## 总结性思考

我们描述了构成批判性媒体素养的知识、技能以及概念性理解的理论轨迹和实践应用。十多年来，我们一直认为，在我们这个数字网络媒体时代，"批判性媒体素养并非可有可无的选项，而是势在必行的"（凯尔纳和沙尔，Kellner & Share，2007，p.68）。在整本书中，我们讨论的是以批判性方法建构素养的必要性，这一素养关系到对种族、阶级、性别、性向和其他身份标记的意识形态建构的质疑。媒体教育应该协助人们弄清楚日常运用且依赖的信息、交流和娱乐，以使他们作为知情的公民去参与民主。我们提供了一些教育工作者利用批判性媒体素养质疑媒体报道中"谁获益、谁受损"的例子，这些报道将种族歧视、性别歧视、阶级歧视、性向歧视以及其他形式的歧视进行了正常化和复制。

在这个全球变暖、战争不断、经济危机四起且人道主义纷争遍布的时代，我们无法承受被动地消费媒体，并相信企业和政府会为我们的最佳利益行事。批判性媒体素养对于参与式民主和人性化教育至关重要，因为公民必须有能力理解信息、质疑权力，并挑战威胁我们当今生存的社会和环境的不公平。这项工作应该从对批判性媒体素养的概念性理解开始，这种理解演化自对信息永远不会中立或客观的认识。

## 第一节　向中立性和客观性神话挑战

挑战常态性、中立性和客观性神话的意识形态建构，是批判性媒体素养的主要目标之一，而许多传统教育却常常排除或忽视这些目标（阿普尔，2004；吉鲁克斯，1997；金切罗，2007）。批判性媒体素养教学法将教育视为一种政治行为。利维斯和杰哈利在1998年曾断言，"媒体素养应该帮助人们成为有头脑的公民，而不是有头脑的消费者"（利维斯和杰哈利，1998，p.1）。弗莱雷和马塞多（1987）解释道：

> 教育中立性的神话是我们了解幼稚行动、精明行动和真正的批判性行动之间的根本性区别的出发点。这个神话导致否定教育过程中的政治性本质，而仅将教育看作一项为人类服务的抽象任务。（p.38）

否定教育的政治性只会支持现状、保留权力结构，并将它们掩盖起来，就好像它们不存在一样。吉鲁克斯于1997年写道："有关理论、事实和质询可以被客观地确定并运用的想法，受制于一套既保守又在政治取向上令人困惑的价值观。"（p.11）通过推翻对有关什么是正常或自然的理所当然的信念，学生们揭示了人们往往熟视无睹的意识形态与霸权结构（霍尔，2012；熊泽，Kumashiro，2000；瓦斯奎兹，2014）。

如今许多人认为理所当然的"正常"，无论过去或现在，都是在正规权力支配体系以及非正规的司空见惯的意识形态话语中创造的。"正常"一词是一个相对主义术语，暗指与"异常"或"非自然"相比占主导地位的标准。在心理学中，"正常"智力的智商范围是90—110。在医学中，"正常"的人体温度被认为是98.6华氏度（37摄氏度）。"正常"这个词是对普通或典型的误称。个人或一个社会认为"正常"的东西往往是基于情景的判定，既不具有普遍性，也并非任何时候对每个人都不言自明。然而，大多数人使用"正常"一词时，通常并不考虑这种社会结构。尽管规范性标准确实具备有益的用途，并且某些学科和行动依赖于这些标准的运用，但那种认为"正常"是中立和非政治性的设想却必须受到挑战。这在医学和心理学领域尤为重要，其中"正常"的反义词是"异常"，说明需要医疗干预。

常态的建构既不是纯洁的，也不是无害的，它通常造成隐藏在多数人习以为常的隐喻性基准线之下的重重不公正。当被假定为"正常"的事物掩盖非主流观点时，它就隐藏或否认了不公正现象。父权制的正常化假定男性权利，却以牺牲女性机会和平等权利为代价。异性恋关系的正常化使异性伴侣享有非异性伴侣所不被承认的权利和特权。虽然这些不公通常对处于从属地位的人（如女性、性别多元群体和有色人种）来说往往更显明可感，但进入公共话语和主流媒体报道的，通常是公开暴力行为或极端的不公正。这在那些忽视或淡化针对有色人种的犯罪，却大肆渲染有色人种暴力犯罪的新闻报道中表现得很明显。当日常新闻报道将非洲裔美国人主要是暴力犯罪的肇事者而非受害者这一看法正常化时，许多"白"人更可能将对非洲裔美国人的恐惧内化，而不是对真正的受害者产生同情。

对妇女、有色人种、低收入者、宗教少数群体、性别多元个体和其他边缘化群体的系统性歧视如今已不那么明显，但相应歧视仍继续影响着社会并重复制造不平等。自妇女获得选举权以来，两性平等有所提升，但妇女在所有政治职位和头衔中只占不到四分之一（罗格斯，Rutgers，2014）。此外，有关娱乐业男性制片人、导演、编剧和从业者相对于女性优势地位的研究表明，女性在各种职位、工作和角色中都普遍处于从属地位（亨特、拉蒙、特兰、萨尔金特和罗伊丘杜里，2018）。

同样，美国对有色人种的歧视也伴随着媒体对有色人种的报道不充分和误导性表征。尽管黑人被监禁和停学的统计数据恰可用以凸显当今美国种族关系的可耻状态，但它们却往往被媒体利用来吸引受众和增加利润。与白人相比，黑人一生中被监禁的可能性是前者的六倍（NAACP[1]，2014）。此外，"黑人学生占学前班入学率的18%，但其中42%的学生休学一次，48%的学生休学一次以上"（美国教育部，United States Department of Education，2014）。使这些有问题的统计数据更复杂的是，电视新闻中黑人被描绘成罪犯的比率是白人的两倍，而白人在监狱中的人数却持续多过黑人（奇里科和埃施霍兹，Chiricos & Eschholz，2002）。媒体报道从来都不是中立的；他们经常放大差异，使事实耸人听闻，从而获得更广泛的受众（邓肯，Duncan，2012；艾扬格和金德，Iyengar & Kinder，1987；克罗斯尼克和金德，Krosnick & Kinder，1990）。

　　这些统计数据和媒体描绘既不是巧合，也不是女性从属性、黑人职业道德或性别多元个体精神稳定性的证据。正相反，它们揭示了系统性的不公正：在一个经常重复这些霸权性表述的媒体饱和的社会里，人们更有可能认为政治家是男性、黑人是罪犯、跨性别者是怪胎。所有这些表述开始为一种文化认定成"正常"的事物建立基准线。建立这种常态的基准线后，媒体（无论有意还是无意）惯于让观众/阅读者/听众，将白人、异性恋男性视为常态和权力所有者，但很少将他们命名或标识为特权的受益者。约翰逊（Johnson，2006）指出，"特权群体通常也被视为一种比较标准，代表着社会所能提供的最佳条件"（p.95）。他解释说，"这些

---

1　NAACP，为全国有色人种协进会（National Association for the Advancement of Colored People），是美国历史最悠久、最有影响力的民权组织之一。——译者注

特权群体被设想为代表整个社会。无视美国人口的多样性，'美国人'在文化上被界定为白人。在诸如'美国人必须学会包容其他种族'之类的声明中，这一点显而易见"（p.96）。

批判性媒体素养通过检验那些常被设想成中立的系统（如经典、意识形态、哲学、体系、法规和机构），对客观性的神话提出疑问。这些系统的中立性质来自权力和统治根深蒂固的历史，而客观性神话也因此不被注意和提及。通过对批判性媒体素养概念和问题方式的运用，学生会仔细而全面地观察那些使媒体表述和网络交际行为显得"正常"或"自然"的系统以及过程。

批判性媒体素养教学法所扎根的前提是，由于交流是一个主观过程，任何文本或媒介都不可能没有偏见或完全中立，即使驱动搜索引擎的数学算法也并不是中立的（诺布尔，2018）。媒体信息及其传播媒介是在一种自我标榜为"中立"（或客观）的文化环境中出现并被创造的，但实际上，这种文化环境一贯偏袒优势群体的特权。根据语境和权力归属，特权视角可能包括有才干的人、资本家、性别顺从者（那些从出生起就按照性别分配生活的人）、财产所有者、新教徒。并且，这一列表还持续取决于谁能拥有足够的特权，以至于"他们将从人们的视野中消失，消失在理所当然的'自然化'常识世界中"（霍尔，2003，p.90）。建立在只有拥有土地的白人男性才能投票这一信念上的美国，自建国以来已经发生了很大的变化，然而富有的白人男性仍然被授予不劳而获的特权，这些特权是以牺牲妇女、有色人种和穷人利益为代价的。

新媒体和社交网络使人们越来越多地投身于参与和构建现实

的过程中，同样，通常作为"正常"现象而略过的系统性不公正现象也会被暴露。媒体制作是批判性媒体素养的重要组成部分，因为学生通常直到创作需要确认自身独特视角的故事、艺术和数字媒体产品时，才会意识到特权和弱势的视角。使得学生有能力建构数字媒体作品，并以声音和（或）视觉的方式呈现他们的经历，挑战通常被认为"正常"的东西，这一过程具备教育意义，也能赋予他们权力。

## 第二节　培育民主和全球公民意识

20世纪早期，约翰·杜威提出，民主需要受过教育的公民，学校应该促进公民教育以及对民主进程的参与。批判性媒体素养旨在推进民主、公正以及公民权利，然而在一个日益网络化的世界中，具备批判性和变革性的教学法应该教会学生思考他们在社区、国家和全球化的世界里，作为以社会正义为导向的公民的角色。在《教育"好"的公民：政治选择和教学目标》（*Educating the "Good" Citizen: Political Choices and Pedagogical Goals*）中，韦斯特海默和凯恩（Westheimer & Kahne, 2004）呼吁教育工作者检审自己有关公民意识和公民教育的概念。他们呼吁重视课程中所缺乏的社会正义教育，并点出加利福尼亚教育局对于学校参与庆祝凯萨·查维斯日[1]相关活动、倡议、宣传和游行的限制（p.244）。教师和学生们被鼓励去庆祝凯萨·查维斯的个人成就（加州教育部，2014），这就好像查维斯的活动是外在于社会历史背景的，并未得到活动家的支持，是孤立于其他公民和人权斗争的。教育工作者必须对他们通过教学手段所提升的公民意识有所认识，因为"我们做出的选择会对我们最终创建的社会类型产生影响"（韦斯特海默和凯恩，Westheimer & Kahne，2004，p.265）。实际上，课程中遗漏的内容可能比包含的内容更重要，因为增加学生对广泛视角和经验的了解，是促进社会公正并形成弗格森（2001）所说的"批判性团结"不可或缺的部分。

批判性团结涉及对人与信息之间千丝万缕联系的认识，还表露出感同身受的同理心，从而能与受此类联系压迫或边缘化的人团结一致（弗格森，2001）。随着激增的媒体景观日益加剧对学生文化的塑造，教育工作者必须了解媒体参与如何即将成为公民参与的代名词，以及如何利用这种参与来培育并促进批判性团结。这意味着教授学生在人文、社会、历史、政治和经济的背景下对信息和传播进行译解，以便他们开始理解其行为以及生活方式之间的关系和后果。这也意味着团结一致，或具备全球公民意识，与被剥夺权利的人共同协作，为更公正的世界而奋斗。许多这类想法由联合国教科文组织（UNESCO）以及欧洲委员会等组织在

---

[1] 凯萨·查维斯（Cesar E. Chavez），出生于1927年3月31日，美国著名社会活动家，墨西哥裔美国劳工运动者，联合农场工人联盟的领袖，也是农场季节性短工权力保护的主要发言人。——译者注

国际上推广。但是在美国，却很少有改革举措促进此类的教学方法改变（高扎瓦茨和孔特雷拉斯–普利多，Gozálvez & Contreras-Pulido，2014）。

二十年来，联合国教科文组织（2014）一直倡导"在人类道德和智力团结的基础上"建立和平的重要性。为此，联合国教科文组织持续研究媒体教育，举办国际会议，并发布报告以鼓励国际社会对媒体素养的接纳。它如今所推进的媒体教育与全球公民意识息息相关。2006年，联合国教科文组织发布了阿拉伯语、英语和法语的媒体教育工具包（夫劳–梅格斯，Frau-Meigs，2006）；2011年，它又针对教师发布10种不同语言的媒体与信息素养课程（格里兹和威尔逊，2011）。2010年，托内罗和瓦里斯（2010）受联合国教科文组织委托，对数字和媒体素养进行调查以搭建一个概念框架，其成果发表在著作《媒体素养和新人文主义》（*Media Literacy and New Humanism*）中。他们认为，教育工作者需要超越那种将数字素养视为工具的观点，转而将之看作学生探究以下问题时必不可少的关键部分：

> 为什么我们用一种特定的偏见或取向来解读媒体文本；媒体用以传播世界观、观点、信仰和意识形态的机制，也即一种文化，通过偷偷摸摸、悄无声息的方式来运作，就仿佛他们并没有那样做，仿佛他们的对话是透明的。（p.96）

托内罗和瓦里斯断言，"全球公民意识与全民媒体素养是同义词"。他们将此视为一种经济和公民的必需品，得出结论认为媒体素养的终极价值在于和平。"这意味着接受一种基本原则，即没有对话，就没有人正确；没有自由正义，就没有和平。"（托内罗和瓦里斯，2010，p.126）

一些拉丁美洲和西班牙的媒体教育家呼吁"教育传播"，即一种教育和传播在学术领域的跨学科结合。高扎瓦茨和孔特雷拉斯－普利多（2014）认为教育传播"有一个公民的目的，也就是说，必须赋予它道德、社会和民主的基础，以便使公民具备应对媒介的能力"（p.130）。教育传播倡导全球公民意识，包括公民参与的多重概念。"这是对某种特定情况的呼吁：成为一个拥有自由的独立人士，以负责任的态度行事，并在公共生活的各个领域或方面扮演主导角色。"（高扎瓦茨和孔特雷拉斯－普利多，2014，p.130）

媒体素养的先驱，莱恩·马斯特曼（1996）断言，媒体素养对于确保人权是必不可少的。他描述了三代人权：第一代权利是公民和政治权利，第二代是经济和社会权利，第三代是传播权利。传播权包括信息权，涵盖发现、获取以及传递观点和信息的权利；沟通权，涉及交换信息并大声发出自己声音的表达权；以及包括访问和使用媒体的权利。根据马斯特曼的说法，它意味着"媒介在内容、表现、访问、控制、问责和培训方面为数不少的责任"（1996，p.73）。

然而，传播权有赖于已经或将要具备媒体素养的公众。由于这种教育需求，马斯特曼建议增加第四代人权，他称之为"译解权"，即获得技能和话语的权利，这些技能和话语将使公民和未来的公民具备译解能力，根据自身理解去解读媒体，并通过媒体生产自身的意义（p.74）。他坚持道，这些译解的权力不仅对于传播权而言是必要的，而且在当今媒体饱和的世界中，译解权对于第一代和第二代人权来说同样必不可少。因此，译解权相当于为媒体教育推广和实施赋权。马斯特曼写道，译解权还有助于使媒体素养集中在"致力于在人权教育方面产生实际效用"（p.74）。他坚持认为，在媒体素养的所有概念中，将媒体功能和作用与人权议题联系起来的最重要的概念就是表征概念。

对媒体中表现的不充分或不实表述进行挑战，能成为学生参与社会行动的一个有力渠道，是参与式民主的必要组成部分。一些批判性媒体素养教师要求学生在音乐视频、在线游戏或问卷调查中分析性别、种族和阶级刻板印象的表现，而另一些教师则与学生合作开展互动项目，使学生加入社区延伸服务以及"青年参与式行动研究"（Youth Participatory Action Research，YPAR）中。因此，民主和社会正义教育要求学生质疑媒体，并创造另一种表达方式，挑战媒体的不充分表现和不实表述。

尽管共核标准为将批判性媒体素养纳入整个课程提供了一些机会，但它仍继续将平等视为平均的代名词，认为教育是非政治性的。如果我们仅仅教授学生们找工作所需要的技能，那我们就会使他们错过参与真正有变革意义的教育。批判性媒体素养对在职业生涯、大学和更广泛领域中都必不可少的21世纪的文化素质和技能起到支持作用。批判性媒体素养是一种变革性的教学法，能够提供扎实的理论基础和实践性的教学方法论，从而授予学生质疑他们的世界、挑战看起来"正常"或"自然"的主流神话的批判性能力。当今的学生需要技巧和指导以批判性地质疑并创造自己的世界。

今天学生们所生活的空间，更少由二元性和绝对性定义，更大程度上向适应性、多样性和创新性开放。有关女性主义、性别多元群体话题、人权、批判性种族理论、环境正义和全球化的研究，鼓励学生越发察觉到身份和议题的复杂性。然而，随着这种对多样性的开放，一种相对主义情绪出现了。相对主义情绪很可能会失去批判性判断，并促进一种非政治性的视角，即认为一切都是平等的，每个人都应该被听到，无论其信息中有多么强烈的种族主义、性别歧视、阶级歧视或仇恨情绪。虽然批判性媒体素养鼓励对差异的包容，但它并不赞同相对主义概念，不赞同所有思想都平等、每个观点都有效。相反，批判性媒体素养对种族歧视、性别歧视、阶级歧视、性向歧视以及其他经常被主流媒体强化的歧视持有强硬的批评立场。

在本书中，我们描述了概念、教学实践和问题。这些问题支持批判性的质询，并为批判性地参与人类所创造的最具影响力的生态系统提供框架和方法。批判性媒体素养呼吁对等级性的权力关系进行批判性质询，这些关系嵌入所有传播之中，并最终使一些人受益，另一些人受损。批判性媒体素养提供理论性框架和转变性的教学方法，使得学生能够质疑媒体、挑战主流意识形态，并作为有批判性且活跃的媒体用户和生产者加入社会。教师、学生和公民如何参与并实践批判性媒体素养，在不同环境和情况下会有所不同，然而，建构批判性的、知情的媒体生产者、批评者和使用者，是我们这个时代教育和政治上的主要挑战。

附　录

# 媒体文化研究的进路
## ——道格拉斯·凯尔纳访谈[1]

| 王　蔚 |

道格拉斯·凯尔纳（Douglas Kellner）：1943年生，美国加州大学洛杉矶分校（UCLA）教授，乔治·奈勒教育哲学讲座教授（George F. Kneller Philosophy of Education Chair），马克思主义批判理论家。凯尔纳自20世纪80年代开始提出"媒体文化"研究的重要性。他试图整合德国与法国的哲学传统，提倡一种多视角文化研究方法，在继承西方马克思主义批判传统的同时，也建构了批判的媒体文化理论。其在媒体文化研究方面的代表作有：《媒体

---

[1] 本文原载《文艺研究》2014年第7期。

奇观：当代美国文化透视》《媒体文化：介于现代与后现代之间的文化研究、认同性与政治》《波斯湾电视战争》《电视与民主危机》等。本刊特邀上海社会科学院新闻所王蔚博士对其进行访谈，本文在邮件往来基础上编辑和改定。

王　蔚　凯尔纳教授您好！非常感谢您能够接受采访。我曾在学生时代研读了您关于媒体文化的相关著作，继而对您的批判理论产生了浓厚兴趣。作为一位著名的批判理论家和文化分析学者，您对中国的文化批评界具有很大影响。您的著作被广泛阅读，关于您学术思想的专论也经常见诸学术刊物。相信除了我，还有很多中国学者希望和您深入交流。

凯尔纳　我也很高兴！我曾经到过上海、南京、香港和台湾。我一直对中国文化，特别是世界上顶级电影中的中国电影印象深刻！

**碰撞与融合：走进欧陆哲学**

王　蔚　您的学术履历很清晰地表明，您早前的研究重点是法兰克福学派、文化研究学派以及后现代理论，尤其是马尔库塞的研究方面著述颇丰。那么，您一开始是如何进入这些研究的？是什么特别的原因让您对马尔库塞的理论倍加重视呢？

**凯尔纳** 我于1965年进入哥伦比亚大学研究生院，那时我对哲学的热情主要在现象学和存在主义上。当时我并未对学生运动带来的巨大影响做好准备，所以我在新左派运动中非常活跃，时常参加反战示威游行。事实上，为表达反对越南战争，遍布全美以及欧洲的学生运动已经占据了大学的建筑物甚至校园。1968年5月的巴黎，看起来像是一场新的法国革命即将爆发。为了更好地理解这些事件，我重新阅读了马尔库塞的著作。随着我对学生运动的兴趣与日俱增且更多地参与其中，到1969年《论解放》(An Essay on Liberation) 一文出版时，我对马尔库塞的著作以及学生运动的哲学基础都有了更深层的理解。

到了1969年，一些学生欲将1968年的游行示威故伎重演，但学生们在短时间内被驱散，整个活动很快以失败告终。部分民主社会学生会 (Students for a Democratic Society, SDS) 成员幻想破灭，继而成立了臭名昭著的地下气象组织 (the Weather Underground)。几次爆炸事件之后，地下气象组织的头目开始真正转入地下。同年，马尔库塞访问了哥伦比亚大学，发表了一次座无虚席的夜间演讲。哲学系在第二天为其举行了一场宴会，由于哲学系教员无一参加，哲学系研究生获得了与其面对面交谈的好机会。宴会上，他讲述了20世纪20年代在弗莱堡 (Freiburg) 跟随海德格尔学习的经历，并开玩笑说他听说海德格尔的哲学理论已经成为石头，以此讽刺海德格尔的后期哲学思想中的保守。一小时后，马尔库塞提议到西尾酒吧 (West End bar) 小酌。那里曾经是金斯伯格 (Ginsberg)、凯鲁亚克 (Kerovac) 及"垮掉的一代"出没的地方，也是我晚餐和小酌常去的地方，所以我乐于陪同他一起穿越校园，前往酒吧。半路上，一些激进分子冲着我们喊道："我们要跟马尔库塞辩论！"我认出他们是地下气象组织的成员，常在哲学图书馆学习。我和朋友们也经常到哲学图书馆，跟一些更为激进的民主社会学生会及地下气象组织成员有过数面之缘。于是，我们在哲学图书馆附近席地而坐。那些激进分子告诉马尔库塞，他们正在计划烧掉一个哥伦比亚大学教授的办公室，这位教授正在做有关美国政府介入越南事务的研究，因而在学生中非常不受欢迎。马尔库塞强烈反对他们的计划，他认为大学是个乌托邦，激进分子可以在其中学习、组织，甚至采取某些行动，而校园犯罪必将招致警方镇压，这将伤害左派。

**王 蔚** 马尔库塞的著作在20世纪70年代传入中国，他强烈批判了工业社会的极权主义对政治、思想、社会和文化的异化，这一思想是对马克思异化思想的应用与发展，在中国影响很大。但马尔库塞的革命理论与马克思存在很大不同，在革命主体、动因、道路、主题等许多方面存在差异，中国学界对这一点存在不同评价。从您的描述看来，马尔库塞虽然认为激进分子是革命者的一部分，但他鲜明地反对暴力。

**凯尔纳** 1969年，我离开了哥伦比亚大学，在德国政府机构的资助下开始撰写学位论文——《海德格尔的真实概念》(*Heidegger's Concept of Authenticity*)。我选择在图宾根大学继续研究这个课题。图宾根是德国西南部一个充满了20世纪60年代激进主义气息的小镇，黑格尔、荷尔德林、谢林及其他杰出人士曾于此治学，是个研习德国哲学传统的好去处。在图宾根大学，我阅读了许多哲学著作，包括柯尔施关于马克思主义的著作，卢卡奇的《历史与阶级意识》，霍克海默与阿多诺的《启蒙辩证法》及其他法兰克福学派著作。同时，我还参与批判理论学习协会的活动，参加了恩斯特·布洛赫研讨班，讨论那些伟大的哲学家们以及帝国主义、法西斯主义等政治话题。从布洛赫那里，我意识到哲学在许多其他学科中是一门高度政治化的科学，而政治也同时需要哲学分析及批判。

在我的海德格尔研究临近结束时，我读到了阿多诺的《否定辩证法》，还发现了一些早期马尔库塞论老师海德格尔的文章。文章对海德格尔的思想提出尖锐的批评，并建议将现象学的存在主义和马克思主义相结合，将海德格尔与马克思结合，以克服传统中的局限性。我认为，马尔库塞对于海德格尔的批评很具说服力，将海德格尔与马克思结合的提议也非常有吸引力。

在德国学习的两年中，我基本完成了关于海德格尔的学位论文，并建立起了良好的德国哲学基础。那之后，我开始对法国哲学和文化感兴趣，并非常渴望提高自己的法语语言能力。于是在1971—1972年间，我在法国巴黎停留了13个月，其间专攻法语及法国哲学，并完成了我关于马尔库塞的著作的初稿。至今，我对马尔库塞的著作仍然非常感兴趣。

**王 蔚** 您提到的这些重要著作,在中国也被广泛阅读,并应用于阐释现实。20世纪90年代,中国的改革开放成就得到一定程度的积累,大众文化逐渐占据了人们文化生活的中心。从那时起,学界将法兰克福学派的批判理论应用于大众文化批判就越来越常见了,事实上,包括福柯、德里达、巴特尔、波德里亚等在内的法国哲学思想,也开始在中国的大众文化批判中获得深入阐释。其间,两种风格迥异的哲学思想在对大众文化的批判中却显示了共通之处。以您在法国期间的学术体验,您是否更深切地体会到法国哲学与德国哲学的区别和联系?

**凯尔纳** 在巴黎期间,我有幸听到列维-斯特劳斯、福柯、德勒兹及利奥塔的授课,并阅读他们最新的著作。同时,我还阅读了波德里亚、德里达及其他著名哲学家的文章。福柯授课时喜欢在安静昏暗的礼堂里照着笔记本宣读,让人感觉仿佛置身教堂一般。列维-斯特劳斯比较有活力,也非常友善。德勒兹则更为活跃,喜欢用潦草的板书在黑板上表达他的主要思想。在1975年哥伦比亚大学的一个会议上,我目睹了德勒兹在黑板上演示现代分析思想与块茎思想的对比。利奥塔是一位极具吸引力的教授,总是穿着蓝色牛仔裤,叼着香烟,跟学生谈论时事政治取乐,然后开始讲康德或其他哲学理论。他的课通常没有笔记,只是让学生参与讨论,这在当时的法国是非常少见的。

最初,我认为德里达的著作是海德格尔哲学的一种奇妙版本,而福柯、波德里亚及利奥塔的著作则是以当代批判哲学和社会理论对法兰克福学派进行的一种拓展和补充。在当代德国和法国哲学思想中，我看到他们的共通之处，即尝试将马克思、弗洛伊德与批判哲学融合，而忽略了今天他们之间显示出的许多明显分歧。因此，哲学对我来说并不是简单地在德国哲学或法国哲学之间进行选择，而是借助此二者以形成新的融合。

**王　蔚**　您和马尔库塞深入交流，在图宾根研究德国哲学，在巴黎亲耳聆听法国思想家们的授课，这些已成为难以复制的学术经历，实在令人羡慕！那么，您早先发表的文章，是否就是对这些精彩的学术经历的总结？

**凯尔纳**　在即将结束欧洲三年的学习时，我邂逅了一本相对较新的致力于激进理论的期刊《泰劳斯》(Telos)，我很高兴看到，美国有这样一群人对我曾在欧洲学习的欧陆哲学理论同样感兴趣。所以，我给期刊编辑保罗·比克尼（Paul Piccone）写了封信，告诉他我对这份期刊很感兴趣。他很快就回复，让我帮忙介绍并翻译马尔库塞的《论劳动概念的哲学基础》(On the Philosophical Foundation of the Concept of Labor)。这篇译稿刊登于1973年夏天的第16期《泰劳斯》上，是我首次发表的文章。大概也就在那时候，我认识了《新德国批评》(New German Critique)的编辑。因为他也在那期《泰劳斯》上发表了文章，所以从那时候起我们有了联系。之后，我在1974年冬天出版的第4期《新德国批评》中发表了一篇名为《重访法兰克福学派：对马丁·杰的辩证的想象的批判》(*The Frankfurt School Revisited: A Critique of Martin Jay's The Dialectical Imagination*)的论文。在这篇长长的回顾式的论文中,我阐述了对法兰克福学派哲学的看法,以及我与马丁·杰(Martin Jay)的哲学思想的不同。

**王　蔚**　德法哲学家们的思想和著作,甚至他们个性鲜明的批判气质,都被您"融合"成为宝贵的学术资源。这体现在您后来许多关于德国、法国哲学理论的研究成果中,也体现在您对于媒体文化的批判性分析中。您有很多著作,还没有翻译成中文,您是否能对您的学术成果作一简要介绍?

**凯尔纳**　在德国和法国学习的三年时间里,我积累了大量的文化资源,才得以在接下来20多年时间里创作出一系列关于法兰克福学派哲学和当代法国哲学思想的文章、评论和专著。我撰写的关于批判理论的著作包括:《赫伯特·马尔库塞与马克思主义危机》(*Herbert Marcuse and the Crisis of Marxism*,1984),《批判理论,马克思主义和现代性》(*Critical Theory, Marxism, and Modernity*,1989)及《批判理论读本》(*A Critical Theory Reader*,与史蒂芬·布朗纳合著,1989)。还有《卡尔·柯尔施:革命理论》(*Karl Korsch: Revolutionary Theory*,1977),《激情与反叛:表现主义的遗产》(*Passion and Rebellion: The Expressionist Heritage*,与史蒂芬·布朗纳合编,1983),《后现代主义/杰姆逊/批判》(*Postmodernism/Jameson/Critique*,1989)和许多其他讨论马克思及马克思主义的文章，这些都得益于我在德国及其后的研究经历。我与史蒂文·贝斯特（Steven Best）合著的两本著作，《让·波德里亚：从马克思主义到后现代主义及其他》（*Jean Baudrillard: From Marxism to Postmodernism and Beyond*，1989）和《波德里亚：批判性读本》（*Baudrillard: A Critical Reader*，1994），以及由我自己撰写的《后现代主义转向》（*The Postmodern Turn*，1997），都得益于我在法国及重返法国与德国的那些年里对法国理论的研究。

## 媒体文化的确认：技术与文化新批判

**王　蔚**　您在《媒体文化：介于现代与后现代之间的文化研究、认同性与政治》（以下简称《媒体文化》）、《媒体奇观：当代美国文化透视》（以下简称《媒体奇观》）两本著作中的理论主张，对当代媒体文化研究极具启发性，也确立了您在媒体文化研究领域的重要地位。那么，是什么动因使您从批判理论的研究转向了媒体文化和媒体奇观的研究呢？

**凯尔纳**　我在20世纪70年代已经涉猎文化研究，至今仍然活跃在这个领域之中。大概在1976年，我给时任英国伯明翰当代文化研究中心主任的斯图亚特·霍尔写信，询问关于他的著作及项目的相关情况。当时，伯明翰当代文化研究中心还鲜为人知。霍尔给我的回信一共三页纸，还寄来了传说中他们中心"用模板印刷的文章"，我的媒体研究小组把它们读了个遍。由于我的研究涉及哲学、社会理论及文化研究等多个领域,我后来撰写了一系列综合类型的文章。1983年夏天,我在美国伊利诺伊州的厄巴纳出席了一个由马克思主义文化机构举办的会议,会上遇到了霍尔。霍尔是一个非常活跃、大方、令人印象深刻的教育家。我听了霍尔、培瑞·安德森(Perry Anderson)、杰姆逊在会议前的暑期班课程。这次的暑期班和会议让人十分兴奋,其间关于马克思主义、后现代主义和文化研究的讨论对我接下来数十年的研究产生了巨大的影响。这次的会议也真正向美国学术界阐述了后现代主义和文化研究的核心主题。

20世纪80年代,我产生了一个重要的想法:我认为我们的文化是媒体文化,媒体将影响我们日常生活的方式,(通过商业广告及宣传)影响我们的经济,影响我们日益媒体化的政治(罗纳德·里根是当时的总统,因此当时的政治中,有些部分是作秀、形象工程和奇观),影响我们的文化。我们的文化正在逐渐转变为媒体文化,所有的文化形式都由媒体直接或间接地建构(比如,我们通过媒体了解到歌手或音乐的流行程度)。这个想法影响了我未来数十年的研究。

这种观念部分源自麦克卢汉。他在1964年出版的《理解媒介》(*Understanding Media*)一书中说道,伴随着新的媒体形式,我们将有新的文化形式、感官体验和日常生活。这种观念也同时受到法兰克福学派文化产业观点的影响,即资本与技术正在催生一种能够支配文化、经济、政治以及所有生活方式的综合事物。后来我更赞同葛兰西的观点,即文化是一个争夺的领域,而非法兰克福学派所说的支配与操纵的工具。在那个时候,法兰克福学派的这个观点也是阿尔都塞和结构主义者以及其他马克思主义的媒体理论的观点。

因此,我开始研究一种媒体与技术的批判理论。这个理论试图表明的观点有两方面:其一,媒体作为工具被用于权力、统治和社会控制;其二,如何将媒体用于抵制霸权,如何将媒体用于提供新的教育模式、政治模式及交流模式。同时,我清楚地认识到媒体的强大,无处不在的、极其迅速的扩散能力,想要真正完全了解媒体的复杂、奇特和不可思议的影响是不可能的(这也是我一直对后结构主义的媒体理论保持开放的原因)。

**王　蔚**　虽然您认为完全了解媒体影响是不可能的,但您的许多观点对我们理解媒体影响具有启发性。在《媒体文化》中,您强调了"媒体文化"的概念,从而取代了学界常用的"大众文化",利用批判理论建设了一种批判的大众文化研究。在《媒体奇观》中,您在后现代语境中继续推进了媒体文化的思想,通过具体的媒体奇观个案,展现了"诊断式批评"的研究方法。您能否多谈一谈您关于媒体技术与媒体文化的一些主要观点?

**凯尔纳**　如前所述,我一直尝试将德国与法国的传统融合在一起,而不是将他们对立起来。这样的想法促使我与迈克尔·莱恩(Michael Ryan)共同出版了《摄像机政治:当代好莱坞电影中的政治与意识形态》(*Camera Politica: The Politics and Ideology of*

Contemporary Hollywood Film，1988）。这本书的初衷是结合批判理论和后结构主义方法，对好莱坞电影中的政治与意识形态提出疑问。莱恩和我都将电影视为一种新兴的、异常强大的文化形式，这种文化形式使当代人们可以通过录音录像带租赁商店，在家就看到海量电影，甚至建立自己的"电影资料馆"。后来，我真的在奥斯汀买了一台Betamax[1]录像机。我早就看到过关于这个产品的信息，知道那就是我做电影和媒体研究所需要的工具。在那个时候，有线电视、卫星电视正风靡全美。我记得，作为第一批在奥斯汀使用有线电视和HBO产品的用户之一，我在HBO上看的第一部电影是《出租车司机》(Taxi Driver)，这也是我最早录制和仔细研究的电影之一（后来，我把录下来的这部电影用于课堂，和学生们反复讨论其中的场景。因此，磁带录像机成了教学和研究的工具，也成了一种乐趣）。当然，我的Betamax不久就被各类VCR取代了。我就像那些一开始购买计算机的消费者一样，遵循着淘汰的轨迹，每年都更换录像机。

**王　蔚**　既然您认为电影是一种新兴的文化形式，同时您又认同葛兰西的观点，那么您应该会认为，电影也是一个争夺的领地吧？

**凯尔纳**　是的。在撰写《摄像机政治》一书的过程中，我和

---

[1] Sony公司早期开发的盒式录像机，上市后引发了录像带租用业的产生。——译者注

莱恩一致认为电影是一个充满竞争的领域，性别、阶级、种族、性等在其中展开政治斗争，同时，更为广泛的政治和意识形态都被转码（were transcoded），我们的著作也因此得名。我们看到，那些主流的电影类型、导演和具体影片，将当下社会和政治的斗争与情感等进行转码，通过他们的解码和阐释，提供当下的观点，以及主流的想象、恐惧、希望和梦想。

**王　蔚**　与电影相较，电视更为大众化，从而成为媒体文化批判的一个重要研究对象。您在20世纪90年代就已经出版了两本关于电视媒体的研究成果，其中您将批判的着力点放在了电视媒体与民主问题的关系上。能否谈谈您对于电视文化批判的一些观点？

**凯尔纳**　我在里根和老布什时期撰写的两本关于电视媒体的著作，分别是《电视与民主危机》（Television and the Crisis of Democracy，1990）和《波斯湾电视战争》（The Persian Gulf TV War，1992）。这两本著作借鉴了德国和法国的传统哲学思想，但著作试图通过具体研究美国电视媒体，重新思考法兰克福学派的文化产业批判问题。《电视与民主危机》中谈到，在里根时代，电视媒体是有力的统治工具和权力工具。这一时代，资本、形象工程和奇观在社会和政治中扮演的角色日益重要，随后制造了民主危机。我借助结构主义的经济模式、国家模式和媒体模式，提出大公司即将控制整个国家和媒体的观点。民主社会的自由主义理论提出行政、立法、司法的三权分立,而媒体以"第四种权力"的身份出现,起到监督与制衡作用。媒体可以批评权力滥用和腐败,提供参与观点和参与形式。当然,在20世纪80年代,美国社会的巨头公司通过控制媒体尤其是电视,借助商业广告以及大肆渲染消费、娱乐社会等手段,为公司本身谋取利益,同时大力支持代表其利益的政党。也是在同一时期,正是里根和老布什为富人提供了税收减免、放松管制,以及任何减轻负担和筹集政治资金所需要的政策。有一点可以肯定,大公司之间可能存在各种各样的利益分歧,但是里根和老布什的政治体制极大地促进了大公司的利益,无情地忽略了普通人、工人和中产阶级的利益和需求。

我在《波斯湾电视战争》一书中提到:老布什发动海湾战争是直接针对伊拉克和萨达姆·侯赛因的。当他在1990年侵略科威特时,精心策划了一场电视战争,用以提升美国在中东地区的权力和霸权,证明美军是全球军事力量中的佼佼者,帮助老布什从再次竞选中受益。尽管老布什在海湾战争之后获得了90%的支持率,看起来在竞选中也稳操胜券,但是来自阿肯色州的新星,被誉为"希望之子"的比尔·克林顿,最终击败了老布什,赢得1992年大选。肮脏的海湾战争就此宣告结束(整个战争以及对军工行业消耗的数十亿美元显得毫无意义)。在这次战争中,媒体扮演着啦啦队长的角色,它将老布什政府和当时五角大楼的一切谎言和宣传传达给民众,激起民众的爱国热情,从而获取民众对战争的支持。这一切看起来如同一场体育盛事,公众如同主队的啦啦队。此次事件的整个过程,无不揭露日益恶化的民主危机、主流媒体的腐败，以及媒体在推动执政党和企业精英所推崇的议程时表现出的惊人能力。

**王　蔚**　您在《媒体文化》一书中提出：这是一个介于现代与后现代之间的时代，您用融合的哲学理论批判了前互联网时代的媒体文化现象。新千年之后，尤其是近十年来，媒体技术及媒体文化的发展又达到一个新的阶段，那么媒体文化的研究又应当如何展开？

**凯尔纳**　在我所有的作品中，我将哲学和批判理论作为批判的武器和分析的工具，而这些武器和工具均可应用在实际的事件和问题中。因此，哲学不应该被当作供人膜拜的抽象教条，而应该作为一种应对当代问题和事物的方法。最好的大陆哲学，是批判的和对话的（如黑格尔、马克思、克尔凯郭尔、尼采、萨特等）。主要思想家通常会借鉴先贤富有创造性的元素，摒弃不再实用和不相关的部分。因此，我认为哲学是辩证的。正如黑格尔、马克思、杜威、葛兰西和早期的法兰克福学派那样，哲学会将新的理论和思想吸纳到他的理论和批评资源中，在社会存在、文化和观念等不同领域间制造联系，展示实体社会和观念世界的主要矛盾，摒弃某些令社会、政治和文化现实受到压迫的思想和批评，提供理论与政治之间新的融合。按照后结构主义的说法，哲学可以在当下明确指出事物之间的区别、事物的不确定性及复杂性。同时，哲学不赞同具体分析中的任何完整的、确定的或者封闭的概念,因为历史总是敞开的,会一直受到新的解释和新的事件的影响。正如鲍勃·迪伦(Bob Dylan)所说,时代一直在改变。

**王 蔚** 是的,时代一直在变,一个重要的变化维度就是由技术驱动的。今天,伴随数字技术发展而来的新媒体时代,带给我们更多需要认识和处理的媒体文化问题。

**凯尔纳** 21世纪,blogs、wikis、Facebook、Myspace以及其他新兴媒体和社交网络媒体,如Youtube和Twitter,进一步扩大了原本就无处不在的媒体的范围。因此,媒体奇观的政治经济和传播技术基础设施,造就了有线和卫星电视的广泛应用,对互联网和社交网络媒体等新科技的爆炸性使用紧随其后。互联网使每个人都能够通过不断扩大的新媒体和社交网站表达观点,传递新闻和信息,如Facebook、Myspace、iphone、ipad等。同时,如果你能够负担得起并懂得使用的话,其他的新技术会使每一个人成为奇观的一部分。因此,时至今日,无论是好莱坞和政坛明星,还是埃及、突尼斯的网络行动者,又或是基地组织等恐怖分子,都可以创造属于他们自己的媒体奇观,或是参与到今日的媒体奇观中来。比如北非阿拉伯国家的动乱,欧洲抵制全球资本的运动,以及2011年全球范围大规模爆发的占领运动(Occupy movements)。所有的这些,在我最近出版的《2011,媒体奇观与暴动:从阿拉伯动乱到占领天下》(*Media Spectacle and Insurrection, 2011: From the Arab Uprisings to Occupy Everywhere*, 2012)中都有涉及。

### 媒体奇观与多视角分析：重构互联网语境下的媒体文化批判

**王　蔚**　您在《媒体奇观》中谈到，克林顿/小布什时代以来，新自由主义似乎取得了胜利，过去十年看到的是全球资本主义和跨国集团奇观的完全胜利。现在又一个十年过去了，互联网几乎入侵了全部的社会生活，在一定程度上重构了社会力量的分布格局，也翻开了控制与抵抗、合作与竞争新的一页。这使得国家和媒体企业对于互联网重要性的认识超越了以往任何媒体。那么，从宏观层面来看，您怎样理解近十年美国甚至世界媒体文化的变化？

**凯尔纳**　与国家和媒体企业相较，互联网和新媒体为公共领域的民主振兴赋予了潜力。互联网和社交网络使更多的受众更轻松地获得更多信息。同时，和历史上任何信息传播工具相比，互联网和社交网络的信源更为广泛。它不停地揭示海量资料，毫无遗漏地表达每一个可以想象到的观点，持续不断地提供新闻和意见，以及多样化与差异化的资源。此外，互联网有益于实现双向沟通，有益于实现民主参与公共对话，有益于实施那些对促成民主政治至关重要的基本行动。

当今时代的一个主要矛盾在于，至少对于有线世界和不断增长的大规模公众而言，丰富多样的信息环境在不断扩大。这个信息环境由以下部分构成：广泛的广播电视网络、印刷媒体和出版物,以及互联网和社交网站建构的地球村。与以往任何时候相比,单一媒体集中了更为丰富多样的信息和娱乐资源。由于可以向全世界即时发送不同类型和信源的信息与图片,各地互联网越来越多地被各类进步和反对组织利用。

尽管如此,大多数人的新闻和信息来自信息流通不畅的国家,或者来自美国媒体企业。这就在当代的信息获得者和信息匮乏者之间制造了一个显著差异。进一步来说,互联网是一个进步力量、保守力量、国家和企业的必争之地,他们必须使用技术去赢得彼此相悖的目标。

王 蔚 是的,互联网确实具备了扩大公共领域影响、推进民主实践的功能,用户对互联网交互性的活跃应用,呈现出"众声喧哗"的状态,似乎使前互联网时代的那些"沉默的大多数"消失了。那么在现阶段,您认为互联网促进民主的这种功能,究竟得到了多大程度的发挥?

凯尔纳 世界上有许多地方,连有线世界都算不上,许多人甚至不识字。各地居民获取信息和文化的方式各有不同,导致得到的信息类型和质量千差万别。这取决于个体获取信息的能力,以及正确理解信息和将其情境化的能力。

然而,民主需要的是能够掌握信息的公民和信息访问权,因此,民主是否可行,取决于能够不断寻找关键信息的公民,取决于他们是否具备访问和评价信息的能力,是否具备介入重要事物的公共对话的能力。这样，面对强大的企业势力和政治势力，媒体的民主改革和另类媒体（alternative media）的存在，对于振兴甚至保存民主计划而言至关重要。媒体如何能够被民主化？可以发展怎样的另类媒体？对这些问题的回答，在世界各地当然有所不同。但是，没有民主的媒体政治，没有另类媒体，民主本身也不会生机勃勃地存在下去，大面积存在的社会问题也不会被解决，甚至都不会被关注。

另类媒体需要与进步的运动相联系，振兴民主，并结束目前保守力量的霸权。过去几年，在纪录片领域、数字视频和摄影、社区广播、公共开放电视（public access television）、不断进步的印刷媒体、一直在发展的自由和进步的互联网和博客圈，已经取得了许多重要的进展。

**王 蔚** 正像您提出的那样，互联网和其他媒体一样，也是充满竞争的领域。近年来，世界各地的许多社会运动甚至暴乱、战争中，互联网政治显示了越来越强大的正向与反向的影响力，也形成了互联网时代的媒体奇观。

**凯尔纳** 到2011年，北非阿拉伯国家动乱、欧洲抵制全球资本的运动和占领运动，都使用了新媒体、社交网络和媒体奇观，用以促进民主议程，推进反对全球资本主义和中东的专制独裁统治的运动。正如我在《2011，媒体奇观与暴动：从阿拉伯动乱到占领天下》一书中所描述的那样，2011年发生的阿拉伯动乱、利比亚革命、叙利亚和其他中东国家的暴动、全球金融危机之后的欧洲运动、占领运动，以及其他政治暴动，通过广电媒体、印刷媒体和数字媒体进行串联，攫取人们的注意力和情绪，产生了复杂而多重的效应。2011年，或许就像1968年一样，成为社会动荡历史上的一个值得纪念的年份，也可能会成为一个标志性年份。这些事件表明，媒体和媒体奇观是当下的一个必争之地，有时会有助于民主和进步运动，有时会支持资本家的权力和反动的议题。未来的政治斗争将转战媒体，因为媒体在社会和政治生活中，正在成为一支越来越重要的力量。

**王　蔚**　在您的文化批判理论中，始终存在着一种辩证逻辑，辩证地分析马克思主义、法兰克福学派、文化研究学派、女性主义、后结构主义等理论资源的洞见与局限，辩证地分析媒体文化本身的控制和抵抗等。因此，您提倡一种多视角的研究方法，旨在形成更有穿透力的分析。在我看来，多视角方法也存在削弱单一理论的激进性、尖锐性与普遍性的可能，而您所强调的情境主义的理论研究取向，针对具体媒体文化案例进行的批判分析，在一定程度上又恰好可以回避多视角研究方法的局限。

**凯尔纳**　我一直认为，应该将哲学见解和方法应用到规模浩瀚的文化现象中。我的著作《媒体文化》试图通过使用这些哲学与批判社会理论工具，将文化研究工作重新概念化。在文化研究中，我一直认为多视角方式结合了政治经济学、文本分析、受众接受和媒体效果研究。从马克思主义到女性主义再到后结构主义，这些不同的哲学立场，能够应用于对文化和政治现象的解读和批判，同时有助于推动一种批判的、多文化的、政治的文化研究。

有时候，对于分析如马克思主义、法兰克福学派、文化研究、女性主义、后结构主义理论等某一具体视角下的具体现象，使用多视角的方法恰恰非常有价值。由于人们可以从多种立场做激进的批评，因此，在分析和批判具体现象时引入更多的批判性理论，将使我们的工作更为有力。

王　蔚　您的批判大多围绕美国的媒体文化现象展开，但正如您所说，美国的媒体文化正在影响全球化的消费者。在互联网时代，无论从现实层面还是理论话语层面，技术资本主义的影响都是跨越地域的。从这个意义上看，您认为美国媒体文化与其他媒体文化之间如何相互影响？

凯尔纳　美国媒体文化长期以来是全球文化的一个重要组成部分，尤其是在电影、音乐、文学和时尚领域。但和历史情况相比，今天的全球文化更容易使来自不同国家的不同文化得以传播。

**媒介素养教育：媒体文化批判的一种实践**

王　蔚　从您的著作中，我感觉到您是一个温和的批判家，感觉到您对解决媒体文化发展中的问题，以及媒体文化中呈现出的抵抗的积极性，抱有乐观的态度。如果说，今天的奇观思维依然在主导社会的政治、经济和文化，那么您认为媒体文化研究本身可以在这个议题上发挥怎样的作用？

**凯尔纳** 由于媒体文化的不断扩展，在媒体和文化研究方面总是会有更多事情可做。我自己近期的工作中就包含了媒体和技术素养研究。在加州大学洛杉矶分校，我作为乔治·奈勒教育哲学讲座教授已逾15年。我曾重点研究与教育、政治和日常生活相关的新技术，也一直关注哲学、社会理论和文化研究。从20世纪90年代中期至今的教育工作中，我一直特别关注素养概念的扩展，以容纳媒介素养和多重的技术素养。随着有线电视和卫星电视迅速发展，谈话广播和广播频道也在膨胀，他们都成为互联网吸纳的视频、音频、图像文化和奇观，作为新媒体和新技术不断扩散。到20世纪90年代中期，我很清楚地认识到，我们的文化是媒体文化，媒体成为日益强大的社会化工具、政治教化工具和意义与认同的来源。

**王　蔚** 您在《媒体文化》一书中谈到过媒体素养教育，这非常具有启发性。或许我们可以将它视为媒体文化批判的一种具体实践，视为理论教育影响社会生活的一条有效路径。

**凯尔纳** 我长期以来一直倡导媒体素养。在20世纪70年代卡特总统任期内，我曾得到一大笔资金，用于为密西西比三角洲地区高中的低收入教师讲授媒体素养课程。授课持续了几个月时间，这些课程可以让他们教育学生批判地阅读并解码媒体信息，包括性别、阶级、性和种族的表征，帮助学生和教育工作者在寻找正面的形象、意义、角色榜样和媒体策划的同时，也能够辨别种族歧视、性别歧视、性向歧视、阶级歧视者和其他媒体中的负面表达。在得克萨斯州，我设计了一个名为文化传播哲学的课程，介绍媒体理论、文化研究，并讲授批判的媒体素养，旨在推广媒体所有权和媒体策划的知识，讲授文本分析、媒体权力的前沿理论，以及在政治、教育、社会转型中那些具有进步意义的另类媒体使用。在加州大学洛杉矶分校，我将这门课程转变为一个文化研究导论研讨会，使用我的著作《媒体文化》和与吉吉·达拉姆（Gigi Durham）合编的《媒体与文化研究：关键词》，后者汇集了当代媒体文化和传播方法的主要内容，范围从罗兰·巴特到居伊·德波，再到最近关于YouTube、Facebook和社交网络的研究。

**王 蔚** 在中国，媒介素养相关研究约在2000年开始兴起，目前也已成为一个研究热点。有些观点认为媒介素养教育应致力于缩小"数字鸿沟"，创造"数字机遇"。而您所描述的媒介素养教育，则是从媒体文化批判的立场，强调加强对媒体文化的深入理解，这一点令人深思。

**凯尔纳** 我20世纪90年代在加州大学洛杉矶分校时，越来越清楚地认识到，互联网和新的数字技术大大改变文化、意识和日常生活。我在加州大学洛杉矶分校组织了一个研讨班,探讨技术和新媒体问题。在此期间,我在《教育理论》(Educational Theory)期刊上发表了一篇关于新媒体和新素养的论文。同时,其他相关的论文和著作还包括一系列互联网与政治的研究,以及新数字媒体和社交网络的研究。我认为新技术需要新的素养,拥有技术素养不仅涉及懂得如何使用计算机和新技术,而且涉及理解新技术和新媒体在日常生活中的多重功能,理解他们是如何改变了传播、社会互动、学术研究、政治、文化和经济。

在探索如何在教育中应用新技术方面,我曾与我的学生为技术和社会、文化研究、教育哲学等课程建立了三个网站,此外还协助开发了后现代理论和批判理论的网站,这些都显示在我的主页上。我是最早建立网站的学者之一,我的论文、文章甚至著作在刊发之后,都可以在我的网站上访问。我最终想要将这些研究汇集为一本著作,名为:《新技术与新素养:新千年的挑战》。

许多主流文献对于新技术往往不是赞美就是贬低,鉴于此,我计划对开发新技术的得失进行一次平衡的评估。当代教育的基础和源泉究竟是书籍还是电脑数据?对这一问题的回答存在两种不同观点。我将特别对这两个极端进行调解。我认为今天的教育应当以书本资料、新计算机和多媒体资料的平衡为基础。同时,我也认为传统的印刷文化素养、传统的阅读与写作技巧,在今天比以往任何时候都更重要。但是,我们需要传授新的媒介素养,来作为既有技能的补充。

**王　蔚**　我相信中国的读者们都真诚地希望您的新作能够尽快出版，和您其他的丰硕成果一起，早日翻译到中国来！

**凯尔纳**　谢谢！如果我有更多著作被翻译成中文，我会很高兴！

**王　蔚**　日新月异的媒体技术的发展，带来了纷繁复杂的媒体文化现象。您曾提出，媒体文化不是构建某种像主体的东西，或者探究个人对主体的认同，而是要构建认同性以及主体性的立场。今天，各类新媒体一方面成就了令人惊奇的媒体奇观，开辟了一种文化控制与抵抗的新路径；另一方面，网民通过实名或者匿名的方式集结，进行社会事务的讨论、批判，甚至影响政府决策以及国际政治。其中交织的各种权力关系、制度选择、身份认同，为人们理解和营造互联网时代的新的社会秩序带来障碍以及新元素。这些现象出现在一个全球化的世界进程中，成为东西方共同面对的新问题。非常感谢您与我们分享媒体文化研究的历程，我相信随着互联网与社会生活的深度融合，您的相关研究将会产生更大的影响力。

# 参考文献

Anderson, M., & Jiang, J. (2018). *Teens, social media & technology 2018*. Pew Research Center: Internet and Technology.

Apple, M. (2004). *Ideology and curriculum* (3rd ed.). New York, NY: Routledge.

Aronoff, K. (2018, August 2). What the "New York Times" climate blockbuster got wrong. *The Nation*. Retrieved from https://www.thenation.com/article/new-york-times-climate-blockbuster-misses/

Arrows, F. (2013). *Teaching truly: A curriculum to indigenize mainstream education*. New York, NY: Peter Lang.

Asante-Muhammad, D., Collins, C., Hoxie, J., & Nieves, E. (2017). *The road to zero wealth: How the racial wealth divide is hollowing out America's middle class*. Washington, DC: Institute for Policy Studies & Prosperity Now. Retrieved from https://www.prosperitynow.org/files/PDFs/road_to_zero_wealth.pdf

Atkinson, W. (2010). *Class, individualization and late modernity: In search of the reflexive worker*. New York, NY: Palgrave Macmillan.

Balog, J. (2009). *Time-lapse proof of extreme ice loss* [Video file]. TEDGlobal 2009. Retrieved from http://tinyurl.com/pqq5u64

Banks, J. (2000). Series forward. In C. Cortés (Ed.), *The children are watching: How the media teach about diversity*. New York, NY: Teachers College Press.

Banta, M., & Hinsley, C. M. (1986). *From site to sight: Anthropology, photography, and the power of imagery*. Cambridge, MA: Peabody Museum Press.

Barthes, R. (1981). *Camera lucida: Reflections on photography*. New York, NY: Noonday Press.

BBC. (2008, April 1). *Making penguins fly on April Fools' day 2008* [Video file]. British Broadcasting Corporation. Retrieved from https://www.youtube.com/watch?v=lzhDsojoqk8

Beach, R. (2009). Digital tools for collecting, connecting, constructing, responding to, creating…. In R. Hammer & D. Kellner (Eds.), *Media/cultural studies: Critical approaches* (pp.206-228). New York, NY: Peter Lang.

Beach, R., Share, J., & Webb, A. (2017). *Teaching climate change to adolescents: Reading, writing, and making a difference*. New York, NY: Routledge. (Co-distributed with NCTE).

Bell, L. A. (2010). *Storytelling for social justice: Connecting narrative and the arts in antiracist teaching*. New York, NY: Routledge.

Benshoff, H. M., & Griffin, S. (2009). *American on film: Representing race, class, gender, and sexuality at the movies*. Malden, MA: Wiley-Blackwell.

Berge, R., Cohen, B. (Producers), & Shenk, J. (Director). (2011). *The Island President* [Motion Picture]. New York, NY: Samuel Goldwyn Films.

Berr, J. (2018, November 5). NBC, Fox, Facebook yank Trump immigration ad critics call racist. *Forbes Online*. Retrieved from https://tinyurl.com/y7fv8orb

Best, S., & Kellner, D. (2001). *The postmodern adventure: Science technology, and cultural studies at the third millennium*. New York, NY & London: Guilford and

Routledge.

Bigelow, B., Christensen, L., Karp, S., Miner, B., & Peterson, B. (Eds.). (1994). *Rethinking our classrooms: Teaching for equity and justice*. Milwaukee, WI: Rethinking Schools.

Bogle, D. (1989). *Toms, coons, mulattoes, mammies, & bucks: An interpretive history of Blacks in American films*. New York, NY: Continuum.

Botelho, G. (2016). The day politics and TV changed forever. *CNN Politics*. Retrieved from https://www.cnn.com/2016/02/29/politics/jfk-nixon-debate/index.html

Boyd, d. (2014). *It's complicated: The social lives of networked teens*. New Haven, CT: Yale University Press.

Brady, M. (2012, August 21). *Eight problems with common core standards*. The Washington Post. Retrieved from https://tinyurl.com/8fnjqjb

Britsch, S. (2010). *Photo-booklets for English language learning: Incorporating visual communication into early childhood teacher preparation*. Early Childhood Education Journal, 38(3), 171-177.

Buckingham, D. (1993). *Children talking television: The making of television literacy*. London: The Falmer Press.

Buckingham, D. (1996). *Moving images: Understanding children's emotional responses to television*. Manchester: Manchester University Press.

Buckingham, D. (2003). *Media education: Literacy, learning and contemporary culture*. Cambridge: Polity Press.

Burns, K. (Director). (2012). *The Dust Bowl* [Motion picture]. New York, NY: Public Broadcasting System.

Burton, N. (2015, September 18). *When homosexuality stopped being a mental* disorder: Not until 1987 did homosexuality completely fall out of the DSM [Blog post]. Retrieved from https://www.psychologytoday.com/us/blog/hide-and-seek/201509/when-homosexuality-stopped-being-mental-disorder

Butsch, R. (2003). Ralph, Fred, Archie, and Homer: Why television keeps recreating the white male working-class buffoon. In G. Dines & J. M. Humez (Eds.), *Gender, race, and class in media: A text-reader* (2nd ed., pp.575-585). Thousand Oaks, CA: Sage Publications.

Byard, S. (2012). *Combining African-centered and critical media pedagogies: A 21st-century approach toward liberating the minds of the miseducated in the digital age* (Doctoral dissertation). Retrieved from ProQuest LLC. (UMI No. 3513191).

California Department of Education. (2014). *Model curriculum and resources for teachers*. Retrieved from http://chavez.cde.ca.gov/ModelCurriculum/Teachers/index1.aspx

Campbell, R., Jensen, J., Gomery, D., Fabos, B., & Frechette, J. (2013). *Media in society*. Boston, MA: Bedford/St. Martin's.

Cappello, M. (2011). Photography for teacher preparation in literacy: Innovations in instruction. *Issues in Teacher Education, 20*(1), 95-108.

Cappello, M., & Hollingsworth, S. (2008). Literacy inquiry and pedagogy through a photographic lens. *Language Arts, 85*(6), 442-449.

Carr, N. (2014). *The glass cage: How our computers are changing us*. New York, NY: W.W. Norton & Company.

Carrington, V. (2005). New textual landscapes, information and early literacy. In J. Marsh (Ed.), *Popular culture, new media and digital literacy in early childhood* (pp.13-17). London: RoutledgeFalmer.

Castells, M. (1996). *The information age: Economy, society and culture, Volume 1: The rise of the network society*. Cambridge, MA: Blackwell Publishers.

Chesney, R., & Citron, D. (2018, February 21). Deep fakes: A looming crisis for national security, democracy and privacy? *Lawfare* [Blog post]. Retrieved from https://www.lawfareblog.com/deep-fakes-looming-crisis-national-security-democracy-and-privacy#

Ching, C. C., Wang, X. C., Shih, M. L., & Kedem, Y. (2006). Digital photography and journals in a kindergarten-first-grade classroom: Toward meaningful technology integration in early childhood education. *Early Education and Development, 17*(3), 347-371.

Chiricos, T., & Eschholz, S. (2002). The racial and ethnic typification of crime and the criminal typification of race and ethnicity in local television news. *Journal of Research in Crime and Delinquency, 39*, 400-420.

Choi, J. (2013, Fall). *EDUC 446: Critical media literacy final reflection*. Submitted as a final assignment for the course.

Colbert, S. (2009, July 16). *The word-White man's burden* [Video file]. Comedy Central's The Colbert Report. Retrieved from http://thecolbertreport.cc.com/videos/tt0y6c/the-word---neutral-man-s-burden

Collins, P. H. (2000). *Black feminist thought: Knowledge, consciousness, and the politics of empowerment* (2nd ed.). New York, NY: Routledge.

Common Core State Standards. (2015). *Common core state standards for English language arts & literacy in history/social studies, science, and technical subjects*. Common Core State Standards Initiative. Retrieved from http://tinyurl.com/kjgs8a5

Cooper, C. B. (2011). Media literacy as a key strategy toward improving public acceptance of climate change science. *BioScience, 61*(3), 231-237.

Cortés, C. (2000). *The children are watching: How the media teach about diversity.* New York, NY: Teachers College Press.

Coyle, K. (2005). *Environmental literacy in America: What ten years of NEETF/Roper research studies say about environmental literacy in the U.S.* National Environmental Education and Training Foundation. Retrieved from http://tinyurl.com/jk3jfkj

Crenshaw, K. (1991). Mapping the margins: Intersectionality, identity, politics, and violence against women of color. *Stanford Law Review, 43*(6), 1241-1299.

Currie, M., & Paris, B. S. (2018, March 21). Buried, altered, silenced: 4 ways government climate information has changed since Trump took office. *The Conversation.* Retrieved from https://theconversation.com/buried-altered-silenced-4-ways-government-climate-information-has-changed-since-trump-took-office-92323

Curtis, N., & Cardo, V. (2018). Superheroes and third-wave feminism. *Feminist Media Studies, 18*(3), 381-396.

Daly, M., Gifford, L., Luedecke, G., McAllister, L., Nacu-Schmidt, A., Andrews, K., & Boykoff, M. (2015). *World newspaper coverage of climate change or global warming, 2004-2015.* Center for Science and Technology Policy Research, Cooperative Institute for Research in Environmental Sciences, University of Colorado. Retrieved from http://sciencepolicy.colorado.edu/media_coverage

Daniels, M. (2013, January 8). *Scientific racism: The eugenics of social Darwinism. A documentary by David Olusoga for the BBC Four* [Video file]. Retrieved from https://www.youtube.com/watch?v=3FmEjDaWqA4

Darder, A., Baltodano, M., & Torres, R. (Eds.). (2003). *The critical pedagogy reader.* New York, NY: RoutledgeFalmer.

Davenport, C. (2018, January 10). How much has 'climate change' been scrubbed from federal websites? *The New York Times*. Retrieved from https://www.nytimes.com/2018/01/10/climate/climate-change-trump.html

DeGruy, J. (2005). *Post traumatic slave syndrome: America's legacy of enduring injury and healing*. Portland, OR: Joy DeGruy Publications.

Dewey, J. (1916/1997). *Democracy and education*. New York, NY: Free Press.

Dewey, J. (1938/1963). *Experience & education*. New York, NY: Collier Books.

Domine, V. (2011). Building 21st-century teachers: An intentional pedagogy of media literacy education. *Action in Teacher Education, 33*(2), 194-205.

Dragan, P. B. (2008). *Kids, cameras, and the curriculum: Focusing on learning in the primary grades*. Portsmouth, NH: Heinemann.

Duggan, M. (2013). *Photo and video sharing grow online*. Pew Research Center. Retrieved from http://www.pewinternet.org/2013/10/28/photo-and-video-sharing-grow-online/

Dunaway, F. (2015). *Seeing green: The use and abuse of American environmental images*. Chicago, IL: The University of Chicago Press.

Duncan, J. (2012). *Racial disparities associated with the war on drugs* (Master's thesis). Appalachian State University, Boone. Retrieved from http://www.libre.uncg.edu

Durham, M. G., & Kellner, D. (2006). *Media and cultural studies: Key works*. Malden, MA: Blackwell Publishers.

Ember, S. (2017, April 3). This is not fake news (but don't go by the headline). *New York Times, Education Life, EDTALK*. Retrieved from https://www.nytimes.com/2017/04/03/education/edlife/fake-news-and-media-literacy.html

Englander, E. K. (2011). *Research findings: MARC 2011 survey grades 3-12*. Bridgewater State University, Massachusetts Aggression Reduction Center. Retrieved from http://cdn.theatlantic.com/static/mt/assets/science/Research%20Findings_%20 MARC%202011%20Survey%20Grades%203-12.pdf

Environmental Data and Governance Initiative. (2018). *Changing the digital climate: How climate change web content is being censored under the Trump administration*. Retrieved from https://envirodatagov.org/wp-content/uploads/2018/01/Part-3-Changing-the-Digital-Climate.pdf

Ewald, W. (2012). Introduction. In W. Ewald, K. Hyde, & L. Lord. *Literacy & justice through photography: A classroom guide*. New York, NY: Teachers College Press.

Facebook Investor Relations. (2018, July 25). *Facebook reports second quarter 2018 results*. Menlo Park, CA. Retrieved from http://investor.fb.com/releasedetail.cfm?ReleaseID=861599

Ferguson, K. (n.d.). *Everything is a remix* [Video file]. Retrieved from http://everythingisaremix.info/watch-the-series/

Ferguson, R. (1998). *Representing 'race': Ideology, identity and the media*. New York, NY: Oxford University Press.

Ferguson, R. (2001). Media education and the development of critical solidarity. *Media Education Journal, 30*, 37-43.

Ferguson, R. (2004). *The media in question*. New York, NY: Oxford University Press.

Flax, J. (1997). Postmodernism and gender relations in feminist theory. In S. Kemp & J. Squires (Eds.), *Feminisms* (pp.170-178). New York, NY: Oxford University Press.

Flores-Koulish, S. A. (2006). Media literacy: An entrée for pre-service teachers into critical pedagogy. *Teaching Education, 17*(3), 239-249. doi:10.1080/10476210600849706

Flores-Koulish, S. A., Deal, D., Losinger, J., McCarthy, K., & Rosebrugh, E. (2011). After the media literacy course: Three early childhood teachers look back. *Action in Teacher Education, 33*, 127-143.

Foucault, M. (1995). *Discipline and punish: The birth of the prison*. New York, NY: Vintage Books.

Frau-Meigs, D. (Ed.). (2006). *Media education: A kit for teachers, students, parents and professionals*. Paris: UNESCO. Retrieved from http://unesdoc.unesco.org/images/0014/001492/149278e.pdf

Fregoso, R. L. (1993). *The bronze screen: Chicana and Chicano film culture*. Minneapolis, MN: University of Minnesota Press.

Freire, P. (2010). *Pedagogy of the oppressed* (M. B. Ramos, Trans.). New York, NY: The Continuum International Publishing Group, Inc. (Original work published 1970)

Freire, P., & Macedo, D. (1987). *Literacy: Reading the word and the world*. Westport, CT: Bergin & Garvey.

Friedman, T. L. (2005). *The world is flat: A brief history of the twenty-first century*. New York, NY: Farrar, Straus & Giroux.

Funk, S., Kellner, D., & Share, J. (2016). Critical media literacy as transformative pedagogy. In M. N. Yildiz & J. Keengwe (Eds.), *Handbook of research on media literacy in the digital age* (pp.1-30). Hershey, PA: IGI Global.

Gabler, N. (2016, November 30). Who's really to blame for fake news? Look in the mirror, America. *Common Dreams*. Retrieved from http://www.commondreams.org/views/2016/11/30/whos-really-blame-fake-news-look-mirror-america

Gad, T., Shanks, J., Bedingfield, N., & Paul, S. (2015). *Love song to the earth* [Recorded by Paul McCartney, Jon Bon Jovi, Sheryl Crow, Fergie, Colbie Caillat, Natasha

Beding-field, Sean Paul, Leona Lewis, Johnny Rzeznik (Goo Goo Dolls), Krewella, Angelique Kidjo, Nicole Scherzinger, Kelsea Ballerini, Christina Grimmie, Victoria Justice, & Q'orianka Kilcher].

Galloway, S. (2017). *The four: The hidden DNA of Amazon, Apple, Facebook, and Google*. New York, NY: Portfolio/Penguin.

Gauntlett, D., & Hill, A. (1999). *TV living: Television, culture and everyday life*. London & New York, NY: Routledge.

Gee, J. (2007). *What video games have to teach us about learning and literacy: Revised and updated edition*. New York, NY: Palgrave Macmillan.

Gibbons, P. (2009). *English learners, academic literacy, and thinking: Learning in the challenge zone*. Portsmouth, NH: Heinemann.

Ging, D. (2017). Alphas, betas, and incels: Theorizing the masculinities of the manosphere. In *Men and masculinities* (pp.1-20). Retrieved from http://journals.sagepub.com/doi/pdf/10.1177/1097184X17706401

Giroux, H. (1987). Introduction. In P. Freire & D. Macedo (Eds.), *Literacy: Reading the words and the world* (pp.1-27). Westport, CT: Bergin & Garvey.

Giroux, H. (1997). *Pedagogy and the politics of hope*. Boulder, CO: Westview Press.

Giroux, H. (2004). When hope is subversive. *Tikkun, 19*(6), 38-39.

GLAAD Media Institute. (2018). *Where we are on TV '17-'18: GLAAD's annual report on LGBTQ inclusion*. Retrieved from https://www.glaad.org/whereweareontv17

Goetze, S. D., Brown, D. S., & Schwarz, G. (2005). Teachers need media literacy, too! In G. Schwarz & P. Brown (Eds.), *Media literacy: Transforming curriculum and teaching*. Malden, MA: The 104th Yearbook of the National Society for the Study of Education.

Goldacre, B. (2009). *Bad science*. London: Fourth Estate of HarperCollins Publishers.

Goldberg, S. (2018, April). To rise above the racism of the past, we must acknowledge it. From the Editor (pp.4-6). *National Geographic Magazine*.

Goldberg, V. (1991). *The power of photography: How photographs changed our lives*. New York, NY: Abbeville Press.

González, N., Moll, L. C., & Amanti, C. (Eds.). (2005). *Funds of knowledge: Theorizing practices in households, communities, and classrooms*. Mahwah, NJ: Lawrence Erlbaum Associates.

Goodman, S. (2003). *Teaching youth media: A critical guide to literacy, video production, and social change*. New York, NY: Teachers College Press.

Goodman, S. (2010). Toward 21st-century literacy and civic engagement: Facilitating student documentary projects. In J. G. Silin (Ed.), *High-needs schools: Preparing teachers for today's world* (pp.44-54). New York, NY: Bank Street College of Education.

Gozálvez, V., & Contreras-Pulido, P. (2014). Empowering media citizenship through educommunication. *Comunicar*, 21(42), 129-136.

Graham, P. (2017). *Strategic communication, corporatism and eternal crisis: The creel century*. New York, NY: Routledge.

Graham, P. (in press/2019). Propaganda and public pedagogy. In G. Noblett (Ed.), *Oxford research encyclopedia of education*. Oxford: Oxford University Press.

Grieco, M. (Artist). (2012). *Media literacy's big tent* [image]. Retrieved from http://mediaeducationlab

Grizzle, A., & Wilson, C. (Eds.). (2011). *Media and information literacy: Curriculum for teachers*. Paris: UNESCO.

Habermas, J. (1984/1981). *Theory of communicative action volume one: Reason and the rationalization of society* (T. A. McCarthy, Trans.). Boston, MA: Beacon Press.

Hall, S. (1998). Notes on deconstructing 'the popular.' In J. Storey (Ed.), *Cultural theory and popular culture: A reader*. Upper Saddle River, NJ: Pearson/Prentice Hall.

Hall, S. (2003). The whites of their eyes: Racist ideologies and the media. In G. Dines & J. M. Humez (Eds.), *Gender, race, and class in media: A text-reader* (2nd ed., pp.89-93). Thousand Oaks, CA: Sage Publications.

Hall, S. (2012). *Stuart Hall interviewed by Sut Jhally* [Video file]. Retrieved from http://vimeo.com/53879491

Hall, S. (2013). Introduction. In S. Hall, J. Evans, & S. Nixon (Eds.), *Representation* (2nd ed., pp. xvii-xxvi). Thousand Oaks, CA: Sage Publications.

Hansen, T. (2017, February 24). The student-built website that keeps government climate data safe. *Yes! Magazine*. Retrieved from http://www.yesmagazine.org/planet/the-student-built-website-that-keeps-government-climate-data-safe-20170221

Harding, S. (1998). *Is science multicultural? Postcolonialism, feminisms, and epistemologies*. Bloomington, IL: Indiana University Press.

Harding, S. (Ed.). (2004). *The feminist standpoint theory reader: Intellectual and political controversies*. New York, NY: Routledge.

Hartsock, N. (1997). The feminist standpoint: Developing the ground for a specifically feminist historical materialism. In S. Kemp & J. Squires (Eds.), *Feminisms* (pp.152-160). Oxford: Oxford University Press.

Haskell, M. (1974). *From reverence to rape: The treatment of women in the movies*. Baltimore, MD: Penguin Books.

Hernstein, R., & Murray, C. (1994). *The bell curve: Intelligence and class structure in*

*American life.* New York, NY: Free Press.

Herrmann, V. (2017, March 28). I am an Arctic researcher: Donald Trump is deleting my citations. *The Guardian*. Retrieved from https://www.theguardian.com/commentisfree/2017/mar/28/arctic-researcher-donald-trump-deleting-my-citations

Hiser, J. (2012, Fall). *EDUC 446: Critical Media Literacy Final Reflection*. Submitted as a final assignment for the course.

Hobbs, R. (2007). *Approaches to instruction and teacher education in media literacy*. Research paper commissioned within the United Nations Literacy Decade. UNESCO Regional Conferences in Support of Global Literacy.

Hobbs, R. (2010). *Copyright clarity: How fair use supports digital learning*. Thousand Oaks, CA: Corwin.

Hobbs, R. (2013). *Media literacy's big tent*. Retrieved from http://mediaedlab.com/2013/07/28/media-literacy-s-big-tent-at-namle-2013/

Hogg, D., & Hogg, L. (2018). *#Never again: A new generation draws the line*. New York, NY: Random House.

hooks, b. (2010). *Teaching critical thinking: Practical wisdom*. New York, NY: Routledge.

Hopkins, C. A. (2009). *Lil Peppi-Melting ice* [Video file]. Retrieved from https://www.youtube.com/watch?v=yjXuldy-Ilw

Howard, T. C. (2010). *Why race and culture matter in schools: Closing the achievement gap in America's classrooms*. New York, NY: Teachers College Press.

Hunt, D., Ramón, A. C., Tran, M., Sargent, A., & Roychoudhury, D. (2018, February). *Hollywood diversity report 2018: Five years of progress and missed opportunities*. UCLA College, Social Sciences. Retrieved from https://socialsciences.ucla.edu/

hollywood-diversity-report-2018/

Iqbal, N. (2018, November 11). Interview: Donna Zuckerberg: "Social media has elevated misogyny to new levels of violence." *The Guardian*. Retrieved from https://tinyurl.com/y74lb6ph

Ixta, L. (2014, Spring). *EDUC 446: Critical media literacy final reflection*. Submitted as a final assignment for the course.

Iyengar, S., & Kinder, D. (1987). *News that matters*. Chicago, IL: University of Chicago Press.

Jenkins, H. (2006). *Convergence culture: Where old and new media collide*. New York, NY: New York University Press.

Jenkins, H., Shresthova, S., Gamber-Thompson, C., Kligler-Vilenchi, N., & Zimmerman, A. M. (2016). *By any media necessary: The new youth activism*. New York, NY: New York University Press.

Johnson, A. (2006). *Privilege, power, and difference* (2nd ed.). New York, NY: McGraw-Hill.

Jones, T. (2008, March 31). *Penguins-BBC* [Video file]. British Broadcasting Corporation. Retrieved from https://www.youtube.com/watch?v=9dfWzp7rYR4

Kalhoefer, K. (2016, April 25). *Study: CNN viewers see far more fossil fuel advertising than climate change reporting* [Blog post]. Retrieved from http://tinyw.in/SZcr

Kalhoefer, K. (2017, March 23). *How broadcast networks covered climate change in 2016* [Blog post]. Retrieved from https://tinyurl.com/yb4kyfcs

Katz, J. (2006). *The macho paradox: Why some men hurt woman and how all men can help*. Naperville, IL: Sourcebooks, Inc.

Kellner, D. (1989). *Critical theory, Marxism, and modernity*. Cambridge & Baltimore,

MD: Polity Press and John Hopkins University Press.

Kellner, D. (1995). *Media culture: Cultural studies, identity and politics between the modern and the postmodern*. New York, NY: Routledge.

Kellner, D. (2002). Critical perspectives on visual literacy in media and cyberculture. *Journal of Visual Literacy, 22*(1), 3-12.

Kellner, D. (2003). *Media spectacle*. New York, NY: Routledge.

Kellner, D. (2005). *Media spectacle and the crisis of democracy*. Boulder, CO: Paradigm Press.

Kellner, D. (2010). *Cinema wars: Hollywood film and politics in the Bush/Cheney era*. Malden, MA: Blackwell Publishers.

Kellner, D. (2016). *American nightmare: Donald Trump, media spectacle, and authoritarian populism*. Rotterdam, The Netherlands: Sense Publishers.

Kellner, D. (2017). *The American horror show: Election 2016 and the ascendency of Donald J. Trump*. Rotterdam, The Netherlands: Sense Publishers.

Kellner, D., & Share, J. (2007). Critical media literacy, democracy, and the reconstruction of education. In D. Macedo & S. R. Steinberg (Eds.), *Media literacy: A reader* (pp.3-23). New York, NY: Peter Lang.

Kelly, S. (2017, June 17). US senators deem Heartland Institute mailings to grade school science teachers "possibly fraudulent." *Truthout.org*. Retrieved from https://truthout.org/articles/us-senators-heartland-institute-mailings-to-grade-school-science-teachers-possibly-fraudulent/

Kessler, G. (2018, December 11). Meet the Bottomless Pinocchio, a new rating for a false claim repeated over and over again. *The Washington Post*. Retrieved from https://tinyurl.com/ybt7pgbo

Kilbourne, J. (2010). *Killing us softly 4: Advertising's image of women* [Video file]. Northampton, MA: Media Education Foundation.

Kim, K. (2013, December). *Kiyun Kim: Racial microaggressions* [Online photographic exhibit]. Retrieved from http://nortonism.tumblr.com/

Kincheloe, J. (2007). *Critical pedagogy primer.* New York, NY: Peter Lang.

Klein, N. (2014). *This changes everything: Capitalism vs. the climate.* New York, NY: Simon & Schuster.

Kolb, L. (2008). *Toys to tools: Connecting student cell phones to education.* Eugene, OR: ISTE.

Kovach, B., & Rosenstiel, T. (2011). *Blur: How to know what's true in the age of information overload.* New York, NY: Bloomsbury.

Krashen, S. (1992). *The input hypothesis: Issues and implications.* Laredo, TX: Laredo Publications.

Krosnick, J., & Kinder, D. (1990). Altering the foundations of support for the president through priming. *American Political Science Review, 84*(2), 497-512.

Kumashiro, K. (2000). Toward a theory of anti-oppressive education. *Review of Educational Research, 70*(1), 25-53.

Lauredhel. (2007, April 29). *Passive aggression: Foregrounding the object* [Blog post]. Retrieved from https://hoydenabouttown.com/2007/04/29/passive-aggression-foregrounding-the-object/

Leiataua, A. (2013, Winter). *EDUC 446: Critical media literacy final reflection.* Submitted as a final assignment for the course.

Leiserowitz, A., & Smith, N. (2017). Affective imagery, risk perceptions, and climate change communication. In E. von Storch (Ed.), *Oxford research encyclopedia of* cli-mate science. Oxford: Oxford University Press.

Leonard, A., Sachs, J. (Writers), & Fox, L. (Director). (2013). *The story of solutions: Why making real change starts with changing the game* [Video file]. Free Range Studios. Retrieved from http://storyofstuff.org/movies/the-story-of-solutions/

Lewis, J., & Boyce, T. (2009). Climate change and the media: The scale of the challenge. In T. Boyce & J. Lewis (Eds.), *Climate change and the media* (pp.1-16). New York, NY: Peter Lang.

Lewis, J., & Jhally, S. (1998). The struggle over media literacy. *Journal of Communication*, 48(1), 1-8.

Lin, R-G., II, & Panzar, J. (2018, August 5). Record heat in California is no fluke, experts warn: Rising temperatures have fueled wildfire conditions and blunt talk from scientists about climate change. *Los Angeles Times*, p. A1.

López, A. (2014). *Greening media education: Bridging media literacy with green cultural citizenship*. New York, NY: Peter Lang.

Lowen, J. W. (1999). *Lies across America: What our historic sites get wrong*. New York, NY: The New Press.

Ludwig, M. (2014, May 20). Everything you ever wanted to know about the FCC's net neutrality proposal. *Truthout*. Retrieved from http://truth-out.org/news/item/23820-everything-you-ever-wanted-to-know-about-the-fccs-net-neutrality-proposal

Luke, A., & Freebody, P. (1997). Shaping the social practices of reading. In S. Muspratt, A. Luke, & P. Freebody (Eds.), *Constructing critical literacies: Teaching and learning textual practice* (pp.185-225). Sydney: Allen & Unwin, and Cresskill, NJ: Hampton Press.

Luke, A., & Freebody, P. (1999). Further notes on the four resources model. *Reading Online*. Retrieved from https://pdfs.semanticscholar.org/a916/0ce3d5e75744de3d0ddacfaf6861fe928b9e.pdf

Luke, C. (1990). *Constructing the child viewer: A history of the American discourse on television and children, 1950-1980*. New York, NY: Praeger.

Luke, C. (2000, February). New literacies in teacher education. *Journal of Adolescent and Adult Literacy, 43*(5), 424-436.

Marx, K., & Engels, F. (1970). *The German ideology*. New York, NY: International Publishers.

Marx, K., & Engels, F. (1978). *The Marx-Engels reader*. New York, NY: Norton.

Masterman, L. (1985/2001). *Teaching the media*. New York, NY: Routledge.

Masterman, L. (1996). Media education and human rights. *Continuum: The Australian Journal of Media & Culture, 9*(2), 73-77.

McChesney, R. W. (2004). *The problem of the media: U.S. communication politics in the twenty-first century*. New York, NY: Monthly Review Press.

McChesney, R. W. (2015). *Rich media, poor democracy: Communication politics in dubious times*. New York, NY: The New Press.

McLuhan, M. (1962). *The Gutenberg galaxy: The making of typographic man*. Toronto: University of Toronto Press.

McLuhan, M. (2003). *Understanding media: The extensions of man: Critical edition* (T. Gordon, Ed.), Berkeley, CA: Gingko Press.

Media Matters for America. (2016). *How broadcast networks covered climate change in 2015: An analysis of nightly news and Sunday shows*. Retrieved from https://tinyurl.com/y9egc75s

Mendoza, L. (2016, Spring). *EDUC 446: Critical Media Literacy Final Reflection*. Submit-ted as a final assignment for the course.

Mihailidis, P. (2008). Are we speaking the same language? Assessing the state of media literacy in U.S. higher education. *Studies in Media & Information Literacy Education, 8*(4), 1-14.

Monarrez, N. (2017). *Critical media literacy and its effects on middle school students' understandings of different perspectives* (Unpublished master's inquiry project). University of California, Los Angeles, CA.

Moore, D. C., & Bonilla, E. (2014). *Media literacy education & the common core state standards: NAMLE an educator's guide*. National Association for Media Literacy Education. Retrieved from https://namleboard.files.wordpress.com/2015/04/namlemleccssguide.pdf

Morrell, E. (2012). 21st Century literacies, critical media pedagogies, and language arts. *The Reading Teacher, 66*(4), 300-302. doi:10.1002/TRTR.01125

Morrell, E., Dueñas, R., Garcia, V., & López, J. (2013). *Critical media pedagogy: Teaching for achievement in city schools*. New York, NY: Teachers College Press.

Morris, J. (Producer), & Stanton, A. (Director). (2008). *Wall-E* [Motion Picture]. Disney Pixar.

Mulaudzi, S. (2017, January 25). Let's be honest: Snapchat filters are a little racist. *Huffington Post (Edition ZA)*. Retrieved from https://www.huffingtonpost.co.za/2017/01/25/snapchat-filters-are-harming-black-womens-self-image_a_21658358/

NAACP. (2014). *Criminal justice fact sheet*. Retrieved from http://www.naacp.org/pages/criminal-justice-fact-sheet

Naureckas, J. (2018, May 15). Media can tell readers who's killing whom-When they want to. *Fairness & Accuracy in Reporting*. Retrieved from https://fair.org/home/media-can-tell-readers-whos-killing-whom-when-they-want-to/

NCTE. (2008). *Code of best practices in fair use for media literacy education*. National Council of Teachers of English Position Statement. Retrieved from http://www.ncte.org/positions/statements/fairusemedialiteracy

New London Group. (1996). A pedagogy of multiliteracies: Designing social futures. *Harvard Educational Review, 66*(1), 60-92.

Newman, N., Fletcher, R., Levy, D. A. L., & Nielsen, R. K. (2016). *Reuters Institute digital news report 2016*. New York, NY: Reuters. Retrieved from http://tinyw.in/AaiB

Nixon, R. (2011, June 26). *Slow violence* [Blog post]. Retrieved from http://tinyw.in/zEt5

Nixon, R. (2013). *Slow violence and the environmentalism of the poor*. Cambridge, MA: Harvard University Press.

Noble, S. U. (2012, Spring). Missed connections: What search engines say about women. *Bitch, 54*, 36-41.

Noble, S. U. (2013, October). Google search: Hyper-visibility as a means of ren-dering black women and girls invisible. *InVisible Culture*, 19. Retrieved from http://ivc.lib.rochester.edu/google-search-hyper-visibility-as-a-means-of-rendering-black-women-and-girls-invisible/

Noble, S. U. (2018). *Algorithms of oppression*. New York, NY: New York University Press.

Norton, B. (2015, October 5). Media are blamed as US bombing of Afghan hospital is covered up. *Fairness & Accuracy in Reporting*. Retrieved from https://fair.org/home/media-are-blamed-as-us-bombing-of-afghan-hospital-is-covered-up/

O'Connor, A. (2006). *Raymond Williams*. New York, NY: Rowman & Littlefield.

Ohler, J. (2008). *Digital storytelling in the classroom*. Thousand Oaks, CA: Corwin Press.

Oliver, J. (2014). *Climate change debate. Last Week Tonight with John Oliver (HBO)* [Video file]. Retrieved from https://tinyurl.com/k5uslqx

Omi, M., & Winant, H. (2015). *Racial formation in the United States* (3rd ed.). New York, NY: Routledge.

O'Neill, S. J., Boykoff, M., Niemeyer, S., & Day, S. A. (2013). On the use of imagery for climate change engagement. *Global Environmental Change, 23*, 413-421.

Ong, W. (1995). *Orality and literacy: The technologizing of the word*. London: Routledge.

Oreskes, N., & Conway, E. (2010). *Merchants of doubt: How a handful of scientists obscured the truth on issues from tobacco smoke to global warming*. New York, NY: Bloomsbury Press.

Orlowski, P. (2006). Educating in an era of Orwellian spin: Critical media literacy in the classroom. *Canadian Journal of Education, 29*(1), 176-198.

Padawer, R. (2016, June 28). The humiliating practice of sex-testing female athletes. *The New York Times*. Retrieved from https://www.nytimes.com/2016/07/03/magazine/the-humiliating-practice-of-sex-testing-female-athletes.html

Padilla, M. (2013, Fall). *EDUC 446: Critical media literacy final reflection*. Submitted as a final assignment for the course.

Pandya, J. Z., & Aukerman, M. (2014). A four resources analysis of technology in the

CCSS. *Language Arts, 91*(6), 429-435.

Paris, D., & Alim, H. S. (Eds.). (2017). *Culturally sustaining pedagogy: Teaching and learning for justice in a changing world*. New York, NY: Teachers College Press.

Pearce, M., Duara, N., & Yardley, W. (2016, January 28). Oregon activists remain defiant. *Los Angeles Times*, p. A1.

Perera, F. (2016, June 21). The case for a child-centered energy and climate policy. *Environmental Health News*. Retrieved from http://www.environmentalhealthnews.org/ehs/news/2016/june/opinion-the-case-for-a-child-centered-energy-and-climate-policy

Pérez-Tornero, J. M., & Tayie, S. (2012). Introduction. Teacher training in media education: Curriculum and international experiences. *Comunicar, XX*(39), 10-14. Retrieved from http://www.revistacomunicar.com/pdf/comunicar39-en.pdf

Pesemen, P. D., Aronson, J. (Producers), & Orlowski, J. (Director). (2012). *Chasing ice* [Motion Picture]. Submarine Deluxe.

Petroff, A. (2014, October 9). Lego ditches Shell after Arctic oil protests. *CNN Money*. Retrieved from http://tinyurl.com/jfzv27n

Pew Research Center. (2018, May). *Teens, Social Media & Technology 2018*.

Piaget, J. (1974). *The construction of reality in the child*. New York, NY: Random House. Piketty, T. (2014). *Capital in the twenty-first century* (A. Goldhammer, Trans.). Cambridge, MA: Belknap Press.

Pineda, J. (2014). *The story behind the picture: Using student photography to develop writing*. (Unpublished master's inquiry project). University of California, Los Angeles, CA.

Postman, N. (1985). *Amusing ourselves to death: Public discourse in the age of show* business. New York, NY: Penguin Books.

Prensky, M. (2010). *Teaching digital natives: Partnering for real learning*. Thousand Oaks, CA: Corwin.

Prescott, C. (2018, August 7). Think Confederate monuments are racist? Consider pioneer monuments. *The Conversation*. Retrieved from https://theconversation.com/think-confederate-monuments-are-racist-consider-pioneer-monuments-100571

Rendall, S. (2014). At elite media, 'scientific' racists fit in fine. *Extra! The Magazine of FAIR-The Media Watch Group, 27*(8), 12-13.

Rich, N. (2018, August 1). Losing Earth: The decade we almost stopped climate change. *New York Times Magazine*. Retrieved from https://tinyurl.com/y8dojc43

Rideout, V., Lauricella, A., & Wartella, E. (2011). *Children, media, and race: Media use among white, black, Hispanic, and Asian American children*. Evanston, IL: Center on Media and Human Development School of Communication, Northwestern University.

Robertson, L., & Hughes, J. M. (2011). Investigating pre-service teachers' understandings of critical media literacy. *Language and Literacy, 13*(2), 37-53.

Robins, K., & Webster, F. (2001). *Times of the technoculture*. New York, NY: Routledge.

Rochlin, M. (1995). The language of sex: The heterosexual questionnaire. In E. D. Nelson & B. W. Robinson (Eds.), *Gender in the 1990s: Images, realities, and issues* (pp.38-39). Toronto: Nelson Canada.

Roose, K. (2018, October 24). Debunking 5 viral images of the migrant caravan: A group of Hondurans heading toward the United States has been the subject of misinformation on social media. *The New York Times*. Retrieved from https://

www.nytimes.com/2018/10/24/world/americas/migrant-caravan-fake-images-news.html

Rosane, O. (2018, September 11). BBC issues first climate change reporting guidelines. *EcoWatch*. Retrieved from https://www.ecowatch.com/bbc-climate-change-reporting-guidelines-2603944755.html

Rubin, A. J. (2018, August 5). A miserably hot Europe is fast becoming the norm: Discomforting signs of climate change. *The New York Times* (International Section, p.6).

Russo, V. (1995). *The celluloid closet: Homosexuality in the movies*. New York, NY: Quality Paperback.

Rutgers. (2014). *Center for American women and politics*. New Brunswick, NJ: Eagleton Institute of Politics. Retrieved from http://www.cawp.rutgers.edu/fast_facts/

Schiller, J., & Tillett, B. (2004). Using digital images with young children: Challenges of integration. *Early Child Development and Care, 174*(4), 401-414.

Schwartz, O. (2018, November 12). You thought fake news was bad? Deep fakes are where truth goes to die. *The Guardian*. Retrieved from https://tinyurl.com/yaattjo2

Sengupta, S. (2018, August 9). 2018 is shaping up to be the fourth-hottest year: Yet we're still not prepared for global warming. *The New York Times*. Retrieved from https://tinyurl.com/ydyvwfye

Shaheen, J. G. (2001). *Reel bad Arabs: How Hollywood vilifies a people*. New York, NY: Olive Branch Press.

Shamburg, C. (2009). *Student-powered podcasting: Teaching for 21st-century literacy*. Washington, DC: International Society for Technology in Education.

Share, J. (2015a). *Media literacy is elementary: Teaching youth to critically read and create media* (2nd ed.). New York, NY: Peter Lang.

Share, J. (2015b). Cameras in classrooms: Photography's pedagogical potential. In D. M. Baylen & A. D'Alba (Eds.), *Essentials of teaching and integrating visual and media literacy: Visualizing learning* (pp.97-118). New York, NY: Springer.

Singer, P. W., & Brooking, E. T. (2018). *LikeWar: The weaponization of social media.* New York, NY: Houghton Mifflin Harcourt Publishing.

Singleton, G. E., & Linton, C. (2006). *Courageous conversations about race: A field guide for achieving equity in schools.* Thousand Oaks, CA: Corwin.

Smith, S., Choueiti, M., Pieper, K., Case, A., & Choi, A. (2018). Inequality in 1,100 popular films: Examining portrayals of gender, race/ethnicity, LGBT & disability from 2007 to 2017. *Annenberg Inclusion Initiative, USC Annenberg.* Retrieved from https://annenberg.usc.edu/research/aii

Sontag, S. (1990). *On photography.* New York, NY: Doubleday.

Southern Poverty Law Center. (2018, June 4). *SPLC report: More than 1,700 monuments, place names and other symbols honoring the Confederacy remain in public spaces.* Retrieved from https://www.splcenter.org/news/2018/06/04/splc-report-more-1700-monuments-place-names-and-other-symbols-honoring-confederacy-remain

Stager, C. (2017, April 27). Sowing climate doubt among schoolteachers. *New York Times, Op-Ed.* Retrieved from https://www.nytimes.com/2017/04/27/opinion/sowing-climate-doubt-among-schoolteachers.html?emc=eta1&_r=o

Stanford History Education Group. (2016). *Evaluating information: The cornerstone of civic online reasoning.* Executive Summary. Retrieved from https://sheg.stanford.

edu/upload/V3LessonPlans/Executive%20Summary%2011.21.16.pdf

Steele, C. M. (2010). *Whistling Vivaldi: How stereotypes affect us and what we can do.* New York, NY: W.W. Norton & Company.

Stoddard, J. (2014). The need for media education in democratic education. *Democracy & Education, 22*(1), 1-8.

Stop Racism. (2013). *Student made video in Alexander Dinh's ninth grade biology class at the Downtown Magnet High School.* Los Angeles, CA.

Stuhlman, L., & Silverblatt, A. (2007). *Media literacy in U.S. institutions of higher education: Survey to explore the depth and breadth of media literacy education* [PowerPoint file]. Retrieved from http://www2.webster.edu/medialiteracy/Media%20 Literacy%20Presentation2.ppt

Sue, D. W. (2010). *Microaggressions in everyday life: Race, gender, and sexual orientation.* Hoboken, NJ: John Wiley & Sons.

Sullivan, J. (2011). *PR industry fills vacuum left by shrinking newsrooms.* ProPublica and Columbia Journalism Review. Retrieved from http://www.businessinsider.com/the-pr-industry-is-filling-in-the-gaps-left-by-shrinking-newsrooms-2011-5

Tester, H. (2013, April 3). Miami-Dade police officer arrested after wife ends up in hospital. *CBS Miami* [Online news report]. Retrieved from https://miami.cbslocal.com/video/category/spoken-word-wfortv/3645558-miami-dade-police-officer-arrested-after-wife-ends-up-in-hospital/

Tiede, J., Grafe, S., & Hobbs, R. (2015). Pedagogical media competencies of preservice teachers in Germany and the United States: A comparative analysis of theory and practice. *Peabody Journal of Education, 90*(4), 533-545.

Tornero, J. M., & Varias, T. (2010). *Media literacy and new humanism.* Moscow, Russian

Federation: UNESCO. Retrieved from http://tinyurl.com/j4nrtve

Túchez-Ortega, M. (2017). *Developing literacy skills through lessons of environmental justice* (Unpublished master's inquiry project). University of California, Los Angeles, CA.

Turkle, S. (2011). *Alone together: Why we expect more from technology and less from each other.* New York, NY: Basic Books.

Turkle, S. (2015). *Reclaiming conversation: The power of talk in a digital age.* New York, NY: Penguin Press.

United States Department of Education. (2014). *Expansive survey of America's public schools reveals troubling racial disparities: Lack of access to pre-school, greater suspensions cited.* Retrieved from https://www.ed.gov/news/press-releases/expansive-survey-americas-public-schools-reveals-troubling-racial-disparities

United Nations Educational, Scientific, and Cultural Organization (UNESCO). (2014). Retrieved from http://en.unesco.org/about-us/introducing-unesco

Valencia, R. R. (Ed.). (1997). *The evolution of deficit thinking: Educational thought and practice.* Bristol, PA: The Falmer Press.

Valencia, R., & Solórzano, D. (2004). Today's deficit thinking about the education of minority students. In O. Santa Ana (Ed.), *Tongue-Tied: The lives of multilingual children in public education* (pp.124-133). Lanham, MD: Rowman & Littlefield.

Vasquez, V. (2003). *Getting beyond "I like the book": Creating space for critical literacy in K-6 classrooms.* Newark, DE: International Reading Association.

Vasquez, V. (2014). *Negotiating critical literacies with young children.* New York, NY: Routledge.

Vega, T. (2014, August 12). Shooting spurs hashtag effort on stereotypes. *The New*

York Times. Retrieved from http://www.nytimes.com/2014/08/13/us/if-they-gunned-me-down-protest-on-twitter.html

Vernon, P. (2018, October 23). Caravan coverage plays into Trump's hands. *Columbia Journalism Review*. Retrieved from https://www.cjr.org/the_media_today/caravan-trump-immigration.php

Vygotksy, L. S. (1978). *Mind in society: The development of higher psychological processes*. Cambridge, MA: Harvard University Press.

Wade, N. (2014). *A troublesome inheritance: Genes, race and human history*. New York, NY: Penguin Press.

Westheimer, J., & Kahne, J. (2004). Educating the 'good' citizen: Political choices and pedagogical goals. *PS: Political Science and Politics, 37*(2), 241-247.

Whitman, J. Q. (2017). *Hitler's American model: The United States and the making of Nazi race law*. Princeton, NJ: Princeton University Press.

Wigginton, E. (Ed.). (1972). *The foxfire book*. Garden City, NY: Anchor Books.

Wigginton, E. (1991). *Foxfire: 25 years: A celebration of our first quarter century*. New York, NY: Anchor Books.

Williams, R. (2009). *Marxism and literature*. New York, NY: Oxford University Press.

Wilson, C. (2012). Media and information literacy: Pedagogy and possibilities. *Comunicar, XX(39)*, 15-22. Retrieved from http://www.revistacomunicar.com/pdf/comunicar39-en.pdf

Wilson, C., & Duncan, B. (2009). Implementing mandates in media education: The Ontario experience. *Comunicar, 32*(XVI), 127-140.

Wolf, M. (2018). *Reader, come home: The reading brain in a digital world*. New York, NY: HarperCollins Publishers.

Zabel, I. H. H., Duggan-Haas, D., & Ross, R. M. (Eds.). (2017). *The teacher-friendly guide to climate change*. Ithaca, NY: Paleontological Research Institute. Retrieved from https://tinyurl.com/y7jmg3mq

Zinn, H. (2005). *Howard Zinn on democratic education*. Boulder, CO: Paradigm Publishers.

Zuckerberg, D. (2018). *Not all dead white men: Classics and misogyny in the digital age*. Cambridge, MA: Harvard University Press.


Resources

http://guides.library.ucla.edu/educ466

This website hosted by Young Research Library at the University of California, Los Angeles (UCLA) provides articles, movies, photographs, podcasts, lesson plans, websites, online applications, and an array of resources to support critical media literacy research and practice.

# 索 引

（词条中页码为英文原书页码，即本书边码）

advertising 广告 xv, 5, 36, 40, 47, 54–57, 71–73, 82, 86, 93

Birmingham School 伯明翰学派 17, 18

broadcast media, broadcast 广播，播出 13, 32, 40, 80, 85, 87

classism 阶级歧视, xiii, xiv, 7, 23, 24, 27, 29, 66, 68, 100, 107

critical media literacy 批判性媒体素养 vii–ix, xi, xiii, xvii, xviii, 2–15, 21, 22, 24–27, 29, 37, 45, 46, 49, 54, 55, 62–81, 90, 92, 98–100, 104, 107

critical pedagogy 批判性教育学、批判性教学法 4, 9–11, 24, 26, 63, 77, 78

critical race theory 批判性种族理论 18, 23, 107

critical thinking 批判性思维 xi, xiii, xiv, 9, 19, 20, 45, 55, 60, 79, 81, 82, 89

cultural studies 文化研究 4, 7, 9, 14, 17–19, 21, 22, 57, 63, 67

decoding 解码、译解 xii, 15

deficit thinking 缺陷思维 29, 34, 35, 68

Democracy 民主 xi, xiii–xvi, 1–3, 5, 6, 9, 10, 13–16, 25, 88, 90, 100, 103, 104, 106

Dewey, John 杜威、约翰·杜威 1–3, 9–11, 27, 74, 103

digital literacy 数字素养 3, 13, 14, 59, 105

environmental justice 环境正义 xv, 4, 6, 8, 9, 30, 46, 63, 68, 71, 75, 80–99, 107

Facebook 14, 48, 73, 98

fake news 假新闻 xii, xvi, 55, 89–90

family 家庭，家 28, 40, 51, 97

feminism 女性主义 9, 18, 23, 25, 40, 42,

106

Frankfurt School 法兰克福学派 ix, 9, 17, 18

Freire, Paulo 弗莱雷、保罗·弗莱雷 xiii, 1, 2, 9, 11–12, 14, 25, 27, 68, 74, 100

gender 性别 xi, xiii, 2, 4–7, 9, 13, 16–18, 22, 23, 26, 27, 29, 35, 37–45, 53, 55, 68–72, 98, 100, 102, 103, 106

Hall, Stuart 霍尔、斯图亚特·霍尔 21, 32, 34

identity 身份 viii, 7, 18, 22, 23, 27, 30, 32, 35, 37, 38, 55, 57, 60, 63, 64–69, 72, 77, 100, 107

ideology 意识形态 viii, 9, 12, 15–45, 64, 67–71, 78, 80–83

Information communication technology 信息传播技术 xi–xv, xvii, xviii, 3, 4, 14, 55, 62,
63, 81, 82, 98

information literacy 信息素养 63

intersectionality 交叉性 22–23, 29, 30, 40

media production 媒体产品、媒体作品、媒体制作、媒体生产 xvii, 2, 11, 13, 53, 57–60, 69, 74, 75, 79, 103

microaggression 微歧视 35, 36, 66, 69

multiliteracies 多元素养 48, 56

multimodal literacy 多模态素养 54–55

myth 神话 xi, 12, 19, 25, 26, 28, 39, 54, 57, 69, 82, 99–103, 106

objectivity 客观性 55, 100, 103

politics of representation 表征政治 8, 18, 21–44, 46, 63, 68

power 权力、力量、力、能力、电 vii, xi–xiii, xvii, 3, 8, 10, 12, 14–16, 19, 21, 22, 25, 27, 30, 32, 33, 35–38, 40, 41, 46–48, 50, 52, 54, 55, 57, 60, 64–66, 68, 78, 81, 83, 90, 96, 100–103, 107

praxis 实践 ix, 12, 20, 57, 77

racism 种族主义 xiii, xiv, 7, 21–24, 27, 29–37, 41, 44, 52, 66, 68–70, 77, 100, 107

Schooling 学校教育 vii–ix, xiv, 5, 12

sexism 性别歧视 xiii, xiv, 7, 23, 24, 27, 29, 38–40, 44, 66, 68, 77, 100, 107

social justice 社会正义、社会公正 ix, xiv, 2, 13, 20, 30, 59, 60, 64, 74, 77,

80–99, 104, 106

social networking 社交网络 xi, xii, 13, 103

socialization 社会化 5, 41

Trump, Donald 特朗普，唐纳德·特朗普 xvi, 55, 87–89

Twitter xvi, 59, 75, 98

YouTube 84, 98

# 译后记

那是2016年的春天,我正在美国纽约哥伦比亚大学访学。一天,中国文艺理论界的老朋友、奥地利克拉根福大学雷纳·温特教授约我去大都会博物馆见面,并告诉我还有一位"老笔友"凯尔纳教授同行。

大名鼎鼎的道格拉斯·凯尔纳教授,着实与我的想象有些距离。他个子不高,精力充沛,说话并不像著作里那样密集地引经据典,而是非常亲切直白,带着西部人的豪爽劲头——不知为什么,美国西部人和中国西部人都给我同样的印象!一个月后,我应邀去往凯尔纳教授所在的洛杉矶。6月的"天使之城"洒满耀眼的金色阳光,路两边挺立着充满未来感的巨型建筑,而瘫在角落的嘟嘟囔囔神志不清的流浪汉,则让这里的未来带有几分末世的迷幻,只有凯尔纳教授热情坦率的语调能把人拉回现实。他最先带我参观的是盖蒂美术馆。在花园上空的露台,他递过来一个硬币,让我扔出去许个心愿。银闪闪的硬币在那些巨大无比又奇形怪状的仙人掌上空划出完美的弧线,而我许的心愿却并没有实现。也许,当时应该说英文或者西班牙语吧……

后来几天，凯尔纳教授又为我"导览"了洛杉矶郡美术馆（LACMA）、加州大学洛杉矶分校（UCLA），以及他家附近的农夫市场——据说是北京"蓝色港湾"的原型。美国西部热浪下连续的高温行程熏得我摇摇欲坠，而七十多岁的凯尔纳教授身兼司机、导游和教师数职，却总是兴致勃勃、蓄势待发。有一天他还带上一名随行记者，一路上讲述自己因左翼言论受到威胁，被迫离开德州奥斯汀的激情过往。尽管骄阳似火，凯尔纳教授却从不戴帽子，烈日下闪闪发光的脑门儿里，不仅装满哲学流派、媒体理论，还有一整部美国当代艺术史和精彩纷呈的文艺八卦。他口若悬河、滔滔不绝，从不见停下来思索迟疑，那副样子和他满满干货、理论密集的写作风格完全一致！

随着2016年美国大选情势日益紧张，作为坚定左派的凯尔纳教授中断悠闲的学术节奏，开始投身紧锣密鼓的战斗日程。特氏入主白宫后，凯尔纳第一时间将新书《美国梦魇》（American Nightmare）的草稿发给已回国的我学习。在书中，他以经典媒体奇观模型考察了共和党在大选中运用的种种媒体策略，并对其间流露的极权主义崇拜予以猛烈抨击，后来又让我翻译了简版的《唐纳德·特朗普：媒体奇观与权威民粹主义》，可惜译稿始终未能在中国发表。

凯尔纳曾是我的"笔友"，见面之前我们就有过近两年的邮件往还。2013至2015年，我在《文艺研究》兼职，主编方宁老师希望我拓展"访谈与对话"栏目，务必把普通论文无法涵盖的部分——学人的小秘密和真性情发掘出来。于是，我多方发动力量,并努力将采访范围从文学、艺术学界向传播学、媒体文化和海外中国研究拓展,曾对荷兰学者贺麦晓教授就中国网络文学访谈,发表《网络文学研究:跨界与沟通——贺麦晓教授访谈录》;邀请北京师范大学蒋原伦老师与传播学译介功勋卓著的深圳大学何道宽老师对话,发表《"生命在于运动意义成于互动"——关于新媒介文化及思想路径的对话》;还请国外学界友人引荐凯尔纳教授,由我的同学好友,上海社会科学院新闻研究所王蔚副研究员进行采访,成果即本书附录中的《媒体文化研究的进路——道格拉斯·凯尔纳访谈》。

道格拉斯·凯尔纳是美国著名马克思主义批判理论家、教育哲学家、媒体文化研究领域的先驱和开拓者。在当今国人眼中,他的大名似乎已和标志性理论"媒体奇观"绑定。它不仅是媒体文化分析的常用模型,还是新传专业考研的必背名词解释,而网上众多自媒体更对其频繁引用,作为吸引眼球的标签。然而,我接触凯尔纳却远早于网上的流行。2004年我准备考博时,正值"当代学术棱镜译丛"集中亮相。我抱回家的一大摞参考书里,就有署名斯蒂芬·贝斯特和道格拉斯·科尔纳的《后现代转向》(南京大学出版社2002年版)。选择这本书,是期待它承担起后现代理论及其现代根源的学术史导读任务。果然,在它清晰详尽、承前启后的讲述引导下,读者只需老实跟进,便可获得清晰的概念地图。

读博后我开始自觉关注媒体批评,这才第一次读到《媒体奇观——当代美国社会文化透视》(清华大学出版社2003年版)。这本书已经将作者名字从前面的"科尔纳"翻译成更常见的"凯尔纳",他的执教单位也从德州奥斯汀大学换到了加州大学洛杉矶分校(UCLA)。翻开《媒体奇观》,首先映入眼帘的是规规矩矩的文献综述——"媒体奇观"的几个理论来源,如盖·德堡的《奇观社会》(后译为居伊·德波《景观社会》,南京大学出版社2006年版),"国际境遇主义"的理念串讲等。接下来通过三个层面区分"媒体奇观"与其他概念模型的差异,让人知其然更知其所以然,在明确创新之外揭示理论生产路径。最后结合美国当代文化现象,毫不留情地戳破表象,暴露"奇观"背后的权力谋略和说服伎俩。

凯尔纳惯用的写作模式也是大多数学位论文的标准结构,落笔规矩严谨、引证有如词典,只是行文间会不经意流露出咄咄逼人的强势。虽然叹服他超强的记忆力和完备的知识体系,但当时我并不喜欢这种概念过于密集的写作,总以为写出这类文章的人有着古板不容人的强势。及至见面相处才发现,现实中的他洒脱率性,脸上总是兴致勃勃。在学者、教授、文化人之外,凯尔纳更像一个牛仔、一名斗士,随时准备冲出书斋,在媒体幻象混战中冲锋陷阵!

2016年与凯尔纳教授分别后,我们从客气而生疏的国际学术同侪,变成亦师亦友的长者和后辈。他曾计划来中国开会,专门发送日程通知我提前安排时间前去会面,遗憾的是意外此起彼伏,他的中国之行始终未能达成。所幸网络时代,只要不想失联一定不会失联,我们的联系从未间断,他始终关心我在媒介文化研究领域的坚持和成绩。2019年,他得知我即将从科研人转到教师队伍时,还专门发来与媒体教育相关的新书嘱我好好学习。这就是《批判性媒体素养指南》，是凯尔纳与任职加州大学洛杉矶分校教育与信息研究学院的年轻同事、知名记者杰夫·沙尔合作的新成果。

承蒙凯尔纳教授托付，我积极策划此书出版。但我本人对国内新闻传播领域不够熟悉、缺乏信心，所以想找一位内行翻译。得知此事后，同学好友，也是2014年第7期《文艺研究》上那篇凯尔纳访谈的作者王蔚，爽快地表示支持合作，这才使翻译有所进展。记得在当初访谈录的最后一部分"媒介素养教育：媒体文化批判的一种实践"里，凯尔纳教授谈到近年工作重心从媒介批评转向媒体和技术素养研究，认为"在当今数字时代，我们尤其需要以新的媒介素养作为既有技能的补充"。而采访者王蔚也说："我相信中国的读者们都真诚地希望您的新作能够尽快出版，和您其他的丰硕成果一起，早日翻译到中国来！"如今，访谈刊出近10年之后，将凯尔纳这本新书翻译到中国来的工作竟然由我和王蔚一起完成，这是多么难得又奇妙的缘分！

在科研评价体系中，翻译基本不算成果，译学术书也没有经济效益。更重要的是，如今能直接读英文并不稀奇，强大的翻译软件让普通人也能跨越语言障碍，而译者的一个不小心就可能被挂出来示众。因此，互联网时代，翻译是极其吃力不讨好的工作。那么，我们为什么联手克服种种困难来翻译这本书？那是因为，尽管我和王蔚如今的专业不同、兴趣相异，却都真切体验到媒体素养教育在当下的紧迫性和重要意义。

刚刚过去的三年，人类的媒介依存性被迫加强，一切肉身的、实体的、物质的联系不再可靠,每个人都在隔绝的小空间里以绝境中求生的悲壮情绪拼命挖掘媒体。人被迫向虚拟的信息世界移民。在这个媒体主导的环境中,表征强化表征,奇观生产奇观,人无法行万里路,而只能刷万维网。在传统的学识、阅历之外,人们的判断更多受到了媒介主体的公信力、媒介表述的煽动性、媒介终端的普及度和媒介数据的到达率等影响。对于这种情况,研究界早已借"信息茧房""回声室""同温层""聚光灯"等说法展开过设想,但如今,它不再是高度抽象的学术预言。当人真的被阻断一切物理联系,抛入理想的信息空间媒介场时;当例外状态成为常态,人苦苦挣扎企图跳脱困境时——偏听偏信、冲动暴虐、惯性无视、怀疑论、虚无主义、反常识……一切以往不可信无法想的,竟都在媒介场畅通无阻!在无限放大的媒介面前,我们太需要做好准备,将自己武装起来!

今天,每一个人都生活在媒体信息织就的空间中,无一幸免。与媒体互动不知不觉成为我们的生活日常。由此,如何认识媒体及其信息传播,如何在传播中重新定义生活与世界,成为重新认识人类主体性的前提。我们认为,对于媒体及其信息传播的认识大致包括三层意涵。第一层是如何获取与应用媒体相关的信息,这可以说是对媒体素养的初阶认识,也关联到对数字鸿沟的察觉。第二层是如何更深入地,尤其是批判性地理解媒体及其信息,这就关联到批判传播研究的更多领域,包括传播政治经济学和批判面向的媒体文化研究。第三层是如何主动地以信息生产与传播实践去应对无处不在的媒体,这正是本书在讨论如何理解媒体素养之外的又一个重点，即在媒体生产与实践中学习和提升媒体素养。由此就产生了对媒体素养认识焦点的转变，**即转向实践，在实践中完成批判**！

这里的实践，并不是号召随心所欲的自媒体生产，而是在教育者引导下，通过学生的媒体生产与传播实践来完成对媒体及其信息传播的批判性认知。两位作者希望通过相关学习，让学生完成对批判性媒体素养六项概念性理解和相应问题的深入探究，围绕意识形态、价值观、社会正义等问题建立批判性思考。正因如此，这本书的价值凸显出来，它在理论与教学法的层面，都给出很好的梳理和示范，对媒介教育工作者而言尤为有益！

我和王蔚博士同级同门，但我们的研究方向并不一致。我关注网络文学和文化研究，研究权力体制塑形文化现象，使之走向体制化的过程。王蔚偏向媒体转型、媒体文化等研究，对媒体实践以及媒体与生活的相互嵌入有深入理解。我们成长和受教于印刷文化，而我们研究生涯的起步和展开、我们从青春到成熟的人生经历，又恰好与网络文化的生长同步。我们是完全见证人类媒介方式巨大变革的一代人，又恰好进入媒介文化和传播研究领域，自认有责任参与媒体素养的培育和建构，有义务揭示媒体背后的权力、信息之中的偏见以及言论主体—群体的关系。因此，我们认为，非常有必要将"批判性媒体素养"引入方兴未艾的中国媒介研究领域。

我一向习惯独立工作，害怕分配任务、分担责任，但在本书翻译过程中，我充分感受到好队友的强大支持。相对于我的感性烂漫，王蔚更加理性。有她的判断和鼓励，我才能下定决心积极推进。原计划王蔚担任本书第一译者，因此分工时也将前言和难度较大的第1、2、3章给了她，我则负责以案例为主的后3章。但由于种种原因我署名在前，因此我又承担本书总校，并翻译了两位作者应邀撰写的中文版序言。

自2021年至今，经历拟定项目合同、翻译合同、联系海外版权，以及与作者、译者和编辑沟通等流程。其间，中美两方出版社的责编和联系人数度变更，再加上疫情造成的种种调休、失联、邮件爆仓……顶着不可抗力来来回回数十度往返，让这小小百余页的书拖了将近3年。所幸，如今终于快要完工了！

翻译中，我们决计呈现凯尔纳和沙尔明白晓畅的文风和务实友善的态度。本着绝不自作聪明强制阐释的原则，我们尽最大努力定位所有指代，将超长句拆分成多个短句以避免歧义，绝不遗漏哪怕最细微的内容，仅有个别地方根据汉语习惯微调语序。因此，如果阅读中觉得啰唆，那完全是我们翻译和表述能力所限，与原作者无关。对于书中提及的美国机构、社会事件和教育学术语等，我们也多方查询，力求找到最通行的说法。当然，文中难免还有疏漏，我们欢迎各位朋友指出问题，也建议大家如有机会可与英文原版对照阅读。

需要特别说明的是本书核心词"Media Literacy"的翻译。该词翻译版本较多，Media多翻译成媒体、媒介，Literacy被翻译成素养、识读力等。一般而言，媒介含义更广泛，指一切可为双方（或多方）建立关系的中介之物，也被学者用于文化分段，如口传文化、印刷文化等。在这个意义上，媒体包含在其中，**主要指为双方（或多方）进行信息传播或建立信息传播关系的中介物**。从本书提出"Critical Media Literacy"在当今时代的紧迫性来看，作者强调人人参与、无处不在的网络对以往基于印刷媒体识字能力所建立的稳固文化环境发起的挑战，因此，我们最初翻译成"媒介素养"。然而，随着内容的展开，凯尔纳与沙尔更强调各类媒体的信息传播实践与受众对信息的接受实践，也关注受众对媒体的使用和制作等。在这个层面上，过于宽泛的"媒介"一词就不再适用。因此，将Media Literacy翻译成媒体素养，在大多数情况下更符合本书原意。

在这里，我和王蔚要感谢为本书贡献过力量的所有人。我们的导师北京师范大学文学院蒋原伦教授，同门广西师范大学出版社总编辑汤文辉师兄，首都师范大学艺术与美育研究院院长王德胜教授，广西师范大学出版社社科分社刘隆进社长、责编尤晓澍女士等。我在美国的"访友"厦门大学教育学院文静副教授协助处理了一些教育类术语，首都师范大学文艺学硕士生李梦菲、周冠宁通读了译文初稿，上海社会科学院新闻学硕士徐越对译稿进行了初校。

本篇译后记由许苗苗执笔完成，但内容特别是有关媒体素养重要性和翻译术语的定义等，直接使用王蔚的文本，为保持表述的连贯性，文中没有加以区分。

在如今这个充满不确定性的时代，聊以自慰的只能是不确定背后所蕴含的希望。在联络出版、拼凑经费、各方沟通等过程中，每当我觉得心力交瘁、摇摇欲坠，古稀高龄的凯尔纳教授那金色烈日下闪闪发光的金色脑门儿就重现在我脑海中，鼓励我再坚持一下，做个牛仔，做个斗士！如今，多年的坚持终于快有结果，希望交稿后一切顺利，平安走完后续流程，在2024年与大家见面！

许苗苗　王蔚

2023年8月23日